영어회화를 위한

큰글씨 영단어

The Calling 저

Samyoung Publishing House

영어회화를 위한

큰글씨 영단어

2017년 3월 15일 초판 1쇄 발행
2018년 7월 20일 초판 2쇄 발행

저 자 The Calling (더 콜링)
펴 낸 이 정정례
펴 낸 곳 삼영서관
디 자 인 디자인클립

주 소 서울 동대문구 황물로 65-3, 1F
전 화 02) 2242-3668
팩 스 02) 2242-3669
홈페이지 www.sysk.kr
이 메 일 syskbooks@naver.com
등 록 일 1978년 9월 18일
등록번호 제 1-261호
책 값 12,000원(MP3 CD 포함)
ISBN 978-89-7318-399-9 13740

머리말

언어(외국어)를 학습하는데 있어서 중요한 요소들이 많이 있겠지만 초보자들에게 있어서 우선적으로 필요한 것은 단어를 습득하는 일일 것입니다. 단어를 배우는 가장 좋은 방법은 어린아이가 말을 배우듯이 해당 언어환경에 자주 노출되어 자연스럽게 체득되는게 좋겠지만 현실적으로 쉬운 일은 아닐 것입니다. 따라서 일정량의 단어는 단기간에 집중적인 학습을 통해 자기만의 종자단어를 암기를 해야 하는 것이 필요합니다.

그렇다면 단어학습에 있어서 가장 좋은 방법은 무엇일까요? 그것은~ "정답은 없다!"가 맞을 것입니다. 시중에 발행되고 있는 다양한 도서들은 각자 최고의 단어학습법이라고 소개하고 있습니다. 우선순위학습, 연상학습, 어원학습, 주제별학습 등 다양한 방법들을 제시하고 있지만 사실 이러한 학습법들은 학습의 접근방법을 제시할 뿐입니다. 따라서 학습자의 입장에서 본인의 스타일에 맞는 단어장을 선택해서 암기가 될 때까지 꾸준히 반복학습을 하는 것이 더 중요할 것입니다. 단어학습에서 가장 중요한 것은 어떤 학습법을 선택하느냐가 아니라 단어 암기의 방법입니다. 앞서 언급했듯이 완전히 암기가 될 때까지 얼마나 자주 반복해서 학습할 수 있느냐가 관건일 것입니다.

본 도서는 초보자들에게 종자단어가 될 수 있는 2,000여 개의 기초단어들을 주제별로 분류하여 관련성이 있는 단어들을 학습하게 함으로써 암기의 효율성을 높이고자 하였습니다. 예문의 경우에도 표제어의 단어가 일상생활에서 어떻게 쓰이는지 알 수 있도록 구어체의 예문을 사용하였습니다. 따라서 단어학습을 하면서 자연스럽게 회화학습이 가능하도록 하였습니다. 또한 초보자들이 쉽게 따라할 수 있도록 한글발음을 제공하였습니다.

아무쪼록 본 도서가 여러분들의 영어학습에서 성공의 초석이 되기를 진심으로 기원하겠습니다.

더 클링

큰글씨 영단어의 특징

큰글씨 서체와 콤팩트한 사이즈

입문자 및 중장년층의 학습편의를 위해 서체크기와 디자인을 최적화하여 가독성을 높였으며, 휴대의 편의성을 위해 핸드북사이즈로 제작하였습니다.

주제별 영단어

A, B, C나 품사별 구성 등 사전식의 단순 나열이 아닌 상황별로 관련 있는 단어들을 함께 학습함으로써 암기의 효율성을 극대화 할 수 있도록 주제별 단어로 구성하였습니다.

회화용 예문

표제어의 단어가 실제 일상생활에서 활용되는 생생한 구어체 표현들로 예문을 구성하여 단어 학습뿐만 아니라 자연스럽게 회화학습이 가능할 수 있도록 회화체 예문을 사용하였습니다.

한글 발음

학습의 흐름을 방해하지 않고 쉽게 읽을 수 있도록 영문발음기호가 아닌 한글발음을 제공하였습니다. 한글발음은 최대한 네이티브의 실제발음에 근접하게 표기하였으나 한글로 표기하기 힘든 음성어가 있기 때문에 함께 제공되는 원어민의 음원을 통해 보다 정확한 발음을 익히시기 바랍니다.

MP3음원 제공

영어뿐만 아니라 모든 언어학습의 궁극적 목표는 읽고, 쓰고 말을 할 수 있어야 합니다. 따라서 단어를 암기하는데 있어서도 텍스트(글자) 위주로만 학습을 하면 반쪽짜리 공부가 되오니 단어를 암기할 때에도 반드시 함께 제공된 MP3음원과 함께 학습하시기 바랍니다.

01 사람과 가족

born
[버언]

동 태어나다

Where were you born?
너는 어디에서 태어났니?

I was born in Spain.
나는 스페인에서 태어났어.

grow up
[그로우 업]

성장하다, 자라다

Did you grow up around here?
너는 이 근처에서 자랐니?

No, but my parents did.
아니, 하지만 부모님은 그러셨지.

learn
[러언]

동 배우다, 학습하다

What did you learn from your grandfather?
너는 할아버지한테 무엇을 배웠니?

I learned to be kind to strangers.
타인에게 친절하게 하라고 배웠어.

work
[워얼크]

동 일하다, 근무하다

How do you go to work?
직장에 어떻게 가나요?

I go to work by bus.
버스로 갑니다.

목차

UNIT 16

UNIT 17

UNIT 18

UNIT

01

사람

PEOPLE

01 사람과 가족

born
[버언]

동 태어나다

Where were you born?
너는 어디에서 태어났니?

I was born in Spain.
나는 스페인에서 태어났어.

grow up
[그로우 업]

성장하다, 자라다

Did you grow up around here?
너는 이 근처에서 자랐니?

No, but my parents did.
아니, 하지만 부모님은 그러셨지.

learn
[러언]

동 배우다, 학습하다

What did you learn from your grandfather?
너는 할아버지한테 무엇을 배웠니?

I learned to be kind to strangers.
타인에게 친절하게 하라고 배웠어.

work
[워얼크]

동 일하다, 근무하다

How do you go to work?
직장에 어떻게 가나요?

I go to work by bus.
버스로 갑니다.

love
[러브]

명 사랑 동 사랑하다, 귀여워하다

Do you live alone?
혼자 사세요?

Yes, but I love it. I have so much freedom.
네, 하지만 그게 좋아요. 자유가 많거든요.

happy
[해피]

형 행복한

What makes you happy?
무엇이 당신을 행복하게 하나요?

My friends and family.
친구들과 가족이요.

marry
[매리]

동 결혼하다

Are you married?
결혼하셨나요?

No, but I have a boyfriend.
아니요, 하지만 남자 친구는 있어요.

look after
[룩 애프터]

돌보다, 보살피다

What are you doing on Saturday?
토요일에 뭐 하니?

I have to look after my little brother.
어린 남동생을 돌봐야 해.

die
[다이]

동 죽다

Everyone dies.
사람은 모두 죽지요.

That's true. Dying is a part of life.
맞아요. 죽음은 삶의 한 부분이죠.

bury
[베리]

동 묻다

When did your uncle die?
삼촌이 언제 돌아가셨나요?

Last week. We buried him next to my aunt.
지난주예요. 숙모 옆에 묻었어요.

reunion
[리-유-니언]

명 친목 모임, 동창회

How was your family reunion?
가족 모임 어땠어?

Fine. I saw people I haven't seen in years.
좋았지. 몇 년 동안 못 봤던 사람들을 봤거든.

bond
[바안드]

명 유대 동 유대감을 형성하다

I bonded with my cousin this summer.
이번 여름에 사촌과 친해졌어.

Yeah, you spent a lot of time together.
응, 많은 시간을 함께 보냈으니까.

MORE VOCA

가족

Family [패멀리] 가족

☆ son	[선]	아들
☆ daughter	[더–터]	딸
☆ husband	[허즈번드]	남편
☆ wife	[와이프]	아내, 처
☆ parents	[패런츠]	부모
☆ father	[파–더]	아버지
☆ mother	[머더]	어머니
☆ brother	[브러더]	형제(형, 오빠, 남동생)
☆ sister	[시스터]	자매(언니, 누나, 여동생)
☆ grandparents	[그랜드패런츠]	조부모
☆ grandfather	[그랜드파–더]	할아버지
☆ grandmother	[그랜드머더]	할머니
☆ grandson	[그랜드선]	손자
☆ granddaughter	[그랜드더–터]	손녀
☆ relatives	[렐러티브스]	친척
☆ aunt	[앤트]	숙모, 고모, 이모
☆ uncle	[엉클]	삼촌
☆ nephew	[네퓨–]	남자 조카
☆ niece	[니–쓰]	여자 조카
☆ cousin	[커즌]	사촌
☆ brother-in-law	[브러더인러–]	처남, 매형, 매부, 형부
☆ sister-in-law	[시스터인러–]	형수, 제수, 처제, 시누이

People [피-플] 사람들

☆ human being	[휴-먼 비-잉]	사람, 인간
☆ man	[맨]	남자
☆ woman	[우먼]	여자
☆ gentleman	[젠틀먼]	신사
☆ lady	[레이디]	숙녀
☆ baby	[베이비]	아기
☆ boy	[버이]	소년
☆ girl	[거얼]	소녀
☆ child	[차일드]	아이, 어린이
☆ teenager	[티인에이줘]	10대
☆ adult	[어덜트]	성인
☆ couple	[커플]	커플, 부부
☆ twins	[트윈스]	쌍둥이
☆ person	[퍼-슨]	(개개의) 사람, 개인
☆ visitor	[비지터]	방문객, 손님
☆ friend	[프렌드]	친구
☆ stranger	[스츠레인줘]	낯선 사람, 나그네
☆ foreigner	[퍼-러너]	외국인

handsome
[핸섬]

형 (남자가) 멋진, 잘생긴

Your husband is very handsome.
당신 남편은 아주 잘생겼네요.

Actually, he's a clothing model.
사실, 그는 패션모델이에요.

pretty
[프리티]

형 예쁜, 귀여운

Who's that in the blue shirt?
저 파란 셔츠를 입은 사람은 누구야?

That's Julia. She's pretty, isn't she?
줄리아야. 예쁘지, 그렇지 않아?

shy
[샤이]

형 수줍어하는, 부끄러워하는

You should ask Carol on a date.
캐롤한테 데이트에 대해 물어봐야지.

I can't. I'm too shy.
못 하겠어. 너무 부끄러워.

slim
[슬림]

형 날씬한

Look at you! You're so slim!
멋진데! 너 정말 날씬하네!

Thanks. I joined a gym 6 months ago.
고마워. 6개월 전에 헬스클럽에 등록했어.

fat
[팻]

㉑ 뚱뚱한, 살찐

Would you like some cake?
케이크 좀 먹을래?

No thanks. I don't want to get fat.
괜찮아. 살찌고 싶지 않아.

tall
[터얼]

㉑ 키가 큰

How tall are you?
키가 얼마예요?

I'm only 160 centimeters.
160cm밖에 안되요.

thin
[씬]

㉑ 마른, 여윈

What does your boyfriend look like?
남자 친구는 어떻게 생겼어?

He's tall and thin.
키가 크고 말랐어.

ugly
[어글리]

㉑ 못생긴, 추한

Oh, my new haircut is so ugly.
아, 새로 자른 머리가 너무 이상해.

It's not ugly. It's unique!
이상하지 않아. 독특한 거지!

young
[영]

형 젊은, 어린

My best friend has a 2-year-old daughter.
내 친한 친구는 두 살짜리 딸이 있어.

Two years old? She's so young.
두 살이라고? 정말 어리구나.

old
[오울드]

형 늙은, 나이 많은

A lot of old people have white hair.
많은 노인들이 백발이야.

And some have no hair.
그리고 어떤 사람들은 대머리지.

bald
[버얼드]

형 대머리의

Where does your husband get his hair cut?
당신 남편은 어디에서 머리 잘라요?

Nowhere. He's bald.
아무데도요. 그는 대머리잖아요.

chubby
[처비]

형 통통한

Do you know Marsha Mills?
마샤 밀스 알아?

Yeah, I know her. She is a little chubby, right?
응, 걔 알아. 그녀는 좀 통통하잖아, 그렇지?

03 사람의 묘사 (1)

kind
[카인드]

형 친절한, 상냥한

Are your neighbors kind?
네 이웃들은 친절하니?

Very kind. They take care of my dog when I'm away.
아주 친절해. 내가 없을 때 개를 돌봐주지.

lucky
[럭키]

형 행운의, 운이 좋은

My cousin won the lotto last week.
사촌이 지난주에 로또에 당첨됐어.

She's so lucky!
정말 행운이구나!

polite
[펄라이트]

형 예의바른, 공손한

I wish that Bruce was more polite.
브루스가 좀 더 공손하면 좋을텐데.

I know. He's always shouting at people.
맞아. 그는 항상 사람들에게 소리를 지르지.

proud
[프라웃]

형 자랑스러운, 자랑스러워하는

Mom, I got an A on my art project!
엄마, 제가 미술 과제에서 A를 받았어요!

I'm so proud of you!
네가 정말 자랑스럽구나!

poor
[푸–어]

형 빈곤한, 가난한

That man looks hungry.
저 사람은 배고파 보이는데요.

A lot of poor families live on this street.
이 거리에는 가난한 가족들이 많이 살아요.

rich
[리취]

형 부유한

I saw Troy in a new sports car today.
오늘 트로이가 새 스포츠카에 탄 걸 봤어.

His family is rich.
그의 가족은 부유하니까.

wealthy
[웰씨]

형 부유한, 재산이 많은

This is a very wealthy neighborhood.
이곳의 이웃들은 매우 부유해요.

I can see that. The houses are huge!
알 것 같군요. 집들이 크네요!

rude
[루–드]

형 무례한, 예의 없는

Hurry up! You're too slow!
서둘러! 너는 너무 느리다고!

Don't be so rude!
너무 무례하지 마!

greedy
[그리-디]

형 탐욕스러운, 욕심 많은

Why is she always talking about money?
그녀는 왜 항상 돈 얘기를 하나요?

Maybe she's greedy.
욕심이 많은 것 같아요.

supposed to
[서포즈 투]

~하기로 되어 있다

Do you have any plans tonight?
오늘 밤 무슨 계획 있니?

I'm supposed to clean my room.
내 방을 청소할 거야.

lazy
[레이지]

형 게으른

Why is this staffroom always messy?
왜 이 교무실은 항상 어지럽지?

Because the employees are lazy.
직원들이 게으르기 때문이야.

stubborn
[스터번]

형 완고한, 고집스러운

Malcolm will never change his mind.
말콤은 결코 그의 마음을 바꾸지 않을 거야.

He's very stubborn, isn't he?
그는 아주 완고해, 그렇지?

brave
[브레이브]

㉻ 용감한

Someday I'll climb Everest.
언젠가 나는 에베레스트산에 오를 거야.

You're more brave than I am.
너는 나보다 더 용감하구나.

busy
[비지]

㉻ 바쁜

Tina cancelled our lunch date again.
티나가 점심 데이트를 또 취소했어.

She's such a busy person.
정말 바쁜 사람이구나.

calm
[카암]

㉻ 침착한, 조용한 ㉢ 진정시키다

How come you never get angry?
너는 어떻게 화를 전혀 내지 않니?

I'm calm. I don't let stress bother me.
나는 차분하거든. 스트레스를 받지 않아.

coward
[카워얼드]

㉱ 겁쟁이

... and then the man ran away from the accident.
…그리고 그때 그 남자는 사고에서 달아났어.

What a coward!
정말 겁쟁이구나!

frank
[프랭크]

형 솔직한

You're very frank, aren't you?
너는 매우 솔직하지, 그렇지 않니?

I suppose I am. I say what I think.
그런 것 같아. 나는 생각한 걸 말하거든.

generous
[제너러스]

형 너그러운, 관대한

I got a guitar and a snowboard for my birthday.
생일에 기타랑 스노보드를 받았어.

Your parents are very generous.
부모님이 매우 관대하시구나.

humble
[험블]

형 겸손한

Jack thinks he's the best at everything.
잭은 자신이 모든 것에 최고라고 생각해.

He should be more humble.
그는 좀 더 겸손해야 해.

neat
[니잇]

형 정돈된, 단정한

Your room is so neat!
네 방은 잘 정돈되었구나!

I like to be organized.
나는 정리되어 있는 걸 좋아하거든.

reliable
[리라이어블]

㉭ 신뢰할 만한, 믿을 수 있는

I need a science tutor.
과학 선생님이 필요해.

Ask Kathy. She's a very reliable tutor.
캐시에게 물어봐. 그녀는 매우 믿을 만한 강사야.

willing
[윌링]

㉭ 기꺼이 하는, 자발적인

How can you help with the festival?
축제를 어떻게 도와줄 거죠?

We're willing to do anything!
무엇이든 기꺼이 하겠어요!

ruthless
[루-쓰러스]

㉭ 무자비한, 인정사정없는

Some politicians are ruthless.
어떤 정치인들은 무자비해.

They don't care who they destroy.
그들은 누구를 말살시키는지 신경 쓰지 않아.

conceited
[컨씨-팃]

㉭ 자만하는

All she does is look in the mirror!
거울에 비친 그녀의 모습이란!

She's extremely conceited.
그녀는 심하게 자만하지.

05 사람의 능력

artistic
[아-티스틱]

형 예술의, 예술적인

Brian, your sketches are incredible!
브라이언, 네 스케치 대단하다!

Thanks. I've always been artistic.
고마워. 난 항상 예술적이지.

capable
[케이퍼블]

형 유능한, ~을 할 수 있는

Believe in yourself. You're capable of anything.
네 자신을 믿으렴. 너는 무엇이든 할 수 있어.

Thanks Dad.
고마워요 아빠.

competent
[카암피턴트]

형 능숙한

Kyle just joined the swim team.
카일이 막 수영팀에 들어갔대.

Kyle?!! He's not a competent swimmer.
카일이? 그는 유능한 수영 선수가 아닌데.

creative
[크리에이티브]

형 창조적인, 창의력이 있는

Why did you quit the math club?
왜 수학 클럽을 그만뒀어?

It's boring. I need a club that's more creative.
지루해서. 나는 좀 더 창의적인 클럽이 필요해.

effort
[에펏]

명 노력, 수고

Starting a business requires a lot of effort.
사업을 시작하려면 많은 노력이 필요해요.

I'm sure we can do it.
우리는 할 수 있을 거라고 확신해요.

expert
[엑스퍼엇]

명 전문가 형 숙련된, 전문적인

My PC is broken!
내 컴퓨터가 고장 났어!

Call Laura. She's an expert in computer repair.
로라에게 전화해. 그녀는 컴퓨터 수리 전문가야.

experience
[익스피리언쓰]

명 경험, 체험

Do you have any management experience?
경영 분야에 경험은 있나요?

keen
[키인]

형 간절히 ~하고 싶은, 열정적인

Rebecca's very keen to learn English.
레베카는 영어 배우는 데 정말 열심이구나.

skill
[스킬]

명 기술, 기량

What cooking skills do you have?
어떤 요리 기술을 가지고 있나요?

I took several baking courses.
제빵 수업을 여러 개 수강했습니다.

talent
[탤런트]

명 (타고난) 재주, 재능

I'm going to be a pop star!
나는 팝 스타가 될 거야!

Honestly, you don't have much singing talent.
솔직히, 너는 노래에 재능이 별로 없어.

knowledgeable
[나알리저블]

형 많이 아는

The EU is based in Brussels in Belgium.
EU는 벨기에의 브뤼셀에 본부가 있어.

You're so knowledgeable!
너는 많이 아는구나!

energetic
[에너제틱]

형 활동적인, 정력적인

She's the most energetic person I know.
그녀는 내가 아는 가장 활동적인 사람이야.

sincere
[신씨어]

형 진실한, 진심의

If you have a secret, you can trust me.
비밀이 있으면, 나를 믿어도 돼.

I know. You're very sincere.
알았어. 너는 매우 진실한 사람이니까.

sensible
[센서블]

형 분별 있는, 실용적인

It's really raining out!
밖에 정말 비가 오네!

Then be sensible. Wear a raincoat.
그럼 실용적으로 해. 우비를 입어.

sensitive
[센서티브]

형 세심한, 감성 있는

Are you a sensitive person?
너는 감성적인 사람이니?

I think so. I always cry during sad movies.
그런 것 같아. 슬픈 영화를 볼 땐 항상 울거든.

patient
[페이션트]

형 인내하는, 참는

Where's the campground? Where is it?
야영지가 어디야? 어디 있어?

Be patient. We're almost there.
좀 참아. 거의 다 왔어.

nervous
[너-버스]

형 불안해하는, 신경이 과민한

What makes you nervous?
왜 긴장하고 있어?

I get nervous in elevators.
엘리베이터를 타면 긴장돼.

mature
[머츄어]

형 성숙한, 익은

Ella is young but she's mature.
엘라는 어리지만 성숙해.

She has many responsibilities at home.
그녀는 집에서 많은 책임을 지고 있거든.

modest
[마-디슷]

형 겸손한, 얌전한

Did you hear? I won first place! I'm the champion!
들었어? 내가 일등했어! 내가 챔피언이야!

You're not very modest, are you?
너는 겸손하지 않구나, 그렇지?

fuss
[퍼스]

명 호들갑, (하찮은 것에 대한) 불평

This food is terrible! I'm never coming back!
이 음식은 끔찍해! 결코 다시 안 올거야!

Stop making a fuss!
그만 불평해!

foolish
[푸울리쉬]

형 어리석은, 바보 같은

Look at the man dancing in the street.
거리에서 춤추는 사람 좀 봐.

Is he happy or just foolish?
그는 행복한 걸까 아니면 단지 어리석은 걸까?

selfish
[셀피쉬]

형 이기적인

Why should I share my candy? It's mine.
왜 내 사탕을 나눠야 하나요? 그건 내 것인데.

Don't be so selfish.
이기적으로 굴지 마렴.

idiotic
[이디아–틱]

형 멍청한, 바보 같은

Steven was arrested for stealing a flag.
스티븐은 깃발을 훔쳐서 체포됐어.

That was an idiotic thing to do.
그건 멍청한 짓이야.

lively
[라이블리]

형 활기 넘치는, 적극적인

Barun will be MCing my wedding.
바룬이 내 결혼의 사회를 할 거야.

He'll be a very lively host.
그는 아주 활기찬 진행자가 되겠지.

character
[캐릭터]

명 성격, 특성

Mr. Jenkins has excellent character.
젠킨스 씨는 성격이 훌륭해.

class
[클래스]

명 계급, 계층

I come from a middle class family.
나는 중산층 출신이야.

Me too.
나도 그래.

common sense
[카먼 센스]

상식

He doesn't have any common sense.
그는 상식이 전혀 없어.

habit
[해빗]

명 버릇, 습관

I wish I was healthier.
더 건강해졌으면 좋겠어.

You could give up some of your bad habits.
나쁜 습관을 버리면 돼.

industrious
[인더스츠리어스]

형 근면한, 부지런한

Our daughter-in-law started her own design company.
며느리가 디자인 회사를 시작했어요.

What an industrious lady!
정말 부지런한 여성이군요!

manners
[매너즈]

명 예의, 예절

It's important to show manners in public.
공공장소에서 예의를 보이는 것은 중요해요.

personality
[퍼–서낼러티]

명 인격, 성격

Describe your personality.
당신의 성격을 설명해 주세요.

I'm friendly and outgoing.
저는 친근하고 외향적이에요.

race
[레이쓰]

명 인종, 종족

Your friend has a very unique look.
네 친구는 외모가 매우 독특한데.

He's mixed race, Spanish and Egyptian.
혼혈이거든, 스페인계 이집트인이야.

sex
[섹스]

명 성, 성별

What sex do you prefer? Male or female?
어떤 성별이 더 좋아? 남자 아니면 여자?

Male.
남자.

anti-social
[앤티소우셜]

형 반사회적인

Don't be anti-social.
반사회적으로 하지 마.

Sorry. I just don't like parties.
미안해. 나는 그저 정당을 좋아하지 않을 뿐이야.

worldly
[워얼들리]

형 세속적인, 세상을 많이 아는

I've lived in 12 countries in 8 years.
나는 8년 동안 12개 나라에서 살았어.

Oh, you are the man in worldly experience
오, 너는 세상 경험이 많은 사람이구나.

UNIT

02

감정

FEELINGS

01 감정

angry
[앵그리]

형 화난, 성난

You look angry.
화난 것 같은데.

I am angry. You forgot our anniversary!
화났지. 네가 우리 기념일을 잊어버렸잖아!

bored
[버얼드]

형 지루해하는, 따분해하는

This movie is so slow.
이 영화는 너무 늘어지는데.

Yeah, I'm very bored.
맞아, 나도 아주 지루했어.

glad
[글랫]

형 기쁜, 반가운

I'm glad it's Friday.
금요일이라서 기뻐.

Me too. I need a break.
나도 그래. 휴식이 필요하다고.

grateful
[그레잇플]

형 고마워하는, 감사하는

What are you grateful for?
당신은 무엇에 감사하나요?

I'm grateful for my family.
우리 가족에게 감사해요.

happy
[해피]

형 행복한, 기쁜

What makes you happy?
무엇이 널 행복하게 하니?

Lots of things. Nature, coffee, sleep...
많은 것들이지. 자연, 커피, 잠…

jealous
[젤러스]

형 질투하는

Did you see her wedding ring?
그녀의 결혼 반지 봤어?

Yes. Are you jealous of her?
응. 질투하는 거야?

lonely
[로운리]

형 외로운, 쓸쓸한

What do you do if you're lonely?
외로우면 뭘 하나요?

Usually I call a friend.
주로 친구에게 전화를 해요.

sad
[샛]

형 슬픈

Why is Craig so sad?
크레이그는 왜 그토록 슬퍼하는 거야?

His best friend moved to Europe.
가장 친한 친구가 유럽으로 이사 갔거든.

sorry
[서-리]

형 안된, 유감스러운

I'm **sorry** I hurt you.
네게 상처 줘서 미안해.

That's okay.
괜찮아.

surprised
[서프라이즈]

형 놀란, 놀라는

Happy Birthday!
생일 축하해!

A party? I'm totally **surprised**!
파티야? 깜짝 놀랐어!

overjoyed
[오우버저잇]

형 매우 기뻐하는

Did you tell Mom that I'm pregnant?
내가 임신했다고 엄마한테 말했니?

Yes! She was **overjoyed** to hear the news.
응! 그 소식을 듣고 엄청 기뻐하셨어.

anxious
[앵크셔스]

형 불안해하는

You look **anxious**.
너 불안한 거 같은데.

I'm waiting to hear my test scores.
내 시험 점수를 기다리고 있거든.

02 감정과 행동

dream
[드림]

명 꿈 동 꿈을 꾸다

I often **dream** about skydiving.
나는 스카이다이빙 하는 꿈을 자주 꿔.

Then you should do it.
그러면 해야지.

help
[헬프]

명 도움 동 돕다

Why do you volunteer?
너는 왜 자원봉사를 하니?

I like to **help** people.
사람들을 돕는 걸 좋아해.

kiss
[키스]

명 키스, 입맞춤 동 키스하다, 입을 맞추다

Kiss your aunt before she leaves.
이모가 떠나시기 전에 키스하렴.

Okay. Goodbye Aunt Ethel!
알겠어요. 에셀 이모 안녕히 가세요!

laugh
[래프]

명 웃음(소리) 동 웃다

Harold is so funny!
해롤드는 아주 재미있어!

I always **laugh** at his jokes.
나는 그의 농담에 항상 웃지.

cry
[크라이]

명 울음, 비명 동 울다, 외치다

Everyone cries sometimes.
모든 사람들이 때로는 울지.

It's a very human behavior.
매우 인간적인 행동이야.

smile
[스마일]

명 미소 동 미소 짓다

I love the way babies smile.
아기들이 미소 짓는 모습을 사랑해.

It's cute, isn't it?
귀엽지, 그렇지 않아?

respect
[리스펙트]

명 존경(심), 존중 동 존경하다, 존중하다

I respect my mom a lot.
나는 우리 엄마를 아주 존경해.

She's a hard worker.
열심히 일하는 분이니까.

let
[렛]

동 ~하게 하다

Let me carry that bag for you.
그 가방 옮겨 드릴게요.

Thank you. It's very heavy.
고마워요. 아주 무겁거든요.

look after
[룩 애프터]

~을 돌보다

I think I have a fever.
나 열이 있는 것 같아.

Don't worry. I'll look after you.
걱정 마. 내가 돌봐줄게.

worry
[워-리]

명 걱정 동 걱정하다

My son lives overseas.
제 아들은 해외에 살아요.

Do you worry about him?
아드님이 걱정되나요?

pout
[파웃]

동 입을 뿌루퉁 내밀다

Why is your little girl pouting?
네 딸은 왜 부루퉁해졌어?

I wouldn't buy her some candy.
사탕을 안 사 줄 거거든.

squirm
[스쿼어엄]

동 (몸을) 꿈틀대다

The baby is squirming in her seat.
아기가 자리에서 꼼지락대고 있어.

I know. She doesn't like that chair.
알아. 걔는 저 의자를 안 좋아하거든.

beautiful
[뷰-티플]

형 아름다운

The fall leaves are beautiful.
가을 단풍이 아름답네.

I like the bright colors.
나는 밝은 색이 좋아.

fair
[페어]

형 타당한, 공평한

The criminal was sent to jail for 12 years.
그 범죄자는 12년 동안 수감되었어요.

The judge's decision was fair.
판사의 판결이 타당했네요.

fun
[펀]

명 재미, 장난 형 재미있는, 즐거운

We're here at the waterpark.
워터파크에 도착했어.

Water slides are so much fun.
미끄럼틀은 아주 재미있지.

good
[굿]

형 좋은

Can you recommend a good rock band?
좋은 록 밴드 좀 추천해 줄래?

How about Led Zepplin?
레드 제플린은 어때?

lovely
[러블리]

형 사랑스러운, 아름다운

That's a lovely garden.
아름다운 정원이네요.

We have 17 kinds of flowers.
17종류의 꽃이 있죠.

nice
[나이쓰]

형 좋은, 멋진

I like this cafe's atmosphere.
나는 이 카페의 분위기가 좋아.

Yeah, the design is nice too.
맞아, 디자인도 멋있지.

pity
[피티]

명 동정, 연민 동 동정하다

I hate rude people.
무례한 사람들이 싫어.

I don't hate them. I pity them.
나도 싫어해. 안됐지.

poor
[퍼–]

형 가난한, 불쌍한

This is a poor neighborhood.
여기는 가난한 동네네.

It was nice 10 or 15 years ago.
10~15년 전에는 좋았는데.

bad
[뱃]

형 나쁜, 안 좋은

My steak tastes bad.
내 스테이크는 맛이 없어.

Don't eat it then.
그럼 먹지 마.

dull
[덜]

형 따분한, 칙칙한

My ex-boyfriend only watched TV.
전 남자 친구는 TV만 봤어.

He sounds dull.
따분할 것 같은데.

detest
[디테슷]

동 몹시 싫어하다

I detest that song with all my heart!
나는 진심으로 저 노래를 싫어해!

Ha! Really? I kind of like it.
하! 정말? 난 저런 거 좋아하는데.

shocked
[샤악트]

형 충격을 받은

Did you know that Darren is dating Lena?
대런이 레나랑 데이트한다는 거 알았어?

Wha? I'm shocked!
어? 난 충격인데!

04 사물에 대한 느낌 (2)

amuse
[어뮤–즈]

동 즐겁게 하다

Kevin is amused by clowns.
케빈은 어릿광대들에 즐거워하지.

I think they're creepy.
나는 그들이 이상한 것 같은데.

ashamed
[어쉐임드]

형 부끄러운, 수치스러운

I'm ashamed of my behavior.
내 행동이 부끄럽네.

Why did you get so angry?
왜 그렇게 화가 났던 거야?

aware
[어웨어]

형 알고 있는

Are you aware that Ben has cancer?
벤이 암에 걸린 거 알고 있어?

Oh no! That's terrible!
오 이런! 끔찍한 일이군!

delight
[딜라잇]

명 기쁨, 즐거움 동 아주 즐겁게 하다

We're delighted that you won the award.
우리는 네가 상을 타서 기뻐.

I feel very lucky.
운이 아주 좋았던 것 같아.

disappoint
[디서퍼인트]

동 실망시키다

Sorry you lost the race.
경기에 져서 안타깝구나.

Yeah, I'm a little disappointed.
그래, 좀 실망했어.

embarrass
[임배러스]

동 당황스럽게 만들다, 곤란하게 만들다

How was the singing room?
노래방은 어땠어?

I had to sing My Way. I was so embarrassed!
마이 웨이를 불러야 했어. 아주 당황스러웠지!

encourage
[인커-리쥐]

동 격려하다

Why did you start a business?
왜 사업을 시작하셨나요?

My father encouraged me to do it.
아버지가 그렇게 하라고 격려해 주셨어요.

excite
[익싸이트]

동 흥분시키다, 자극하다

Tomorrow is New Year's Day!
내일은 새해 첫 날이야!

I'm excited to start a new year.
새해를 맞이하니 흥분되는데.

fascinate
[패시네이트]

동 마음을 사로잡다, 매혹하다

Is that a book about Egypt?
저건 이집트에 대한 책이야?

Yes. I'm fascinated with ancient civilizations.
응. 나는 고대 문명에 매료되었거든.

funny
[퍼니]

형 우스운, 웃기는

Who's the best Simpson's character?
심슨에서 최고의 캐릭터는 누굴까?

Bart and Homer are both funny.
바트랑 호머 둘 다 웃기잖아.

vulgar
[벌거]

형 저속한, 상스러운

For a manager, he uses very vulgar language.
매니저로서, 그는 아주 상스러운 말을 써.

He doesn't impress me.
그는 나한테 별로 인상깊지 않은데.

melodramatic
[멜러드러매틱]

형 멜로드라마 같은, 과장된

Holly left me! I'll never love again!
홀리가 날 떠났어! 다시는 사랑하지 않을 거야!

Don't be so melodramatic.
그렇게 과장하지 마.

05 좋아하는 것과 감정

approve
[어프루–브]

동 찬성하다

I don't approve of your friends.
네 친구들을 인정하지 못하겠어.

They're not that bad.
걔네들이 그렇게 나쁘지는 않아.

compliment
명 [카암플리먼트]
동 [카암플리멘트]

명 칭찬, 찬사 동 칭찬하다

Your painting inspired me.
네 그림이 내게 영감을 줬어.

Thanks for the compliment.
칭찬 고마워.

confident
[카안피던트]

형 자신감 있는, 확신하는

Carla entered a beauty contest.
칼라가 미인 대회에 나갔대.

She must be very confident.
틀림없이 아주 자신 있나 보군.

conservative
[컨서–버티브]

형 보수적인

Are your parents conservative?
네 부모님들은 보수적이니?

A bit. They don't drink any alcohol.
조금. 술을 전혀 안 드시지.

considerate
[컨시더러트]

㉻ 배려하는, 사려 깊은

Can I buy you lunch?
내가 점심 살까?

That's very considerate of you!
너도 아주 사려 깊은 사람이구나!

emotion
[이모우션]

㉹ 감정, 정서

This music fills me with emotion.
이 음악이 나를 감동시켰어.

Who's the artist?
음악가가 누군데?

mood
[무웃]

㉹ 기분

Don't talk to Helen.
헬렌에게 얘기하지 마.

I know. She's in a bad mood.
알아. 그녀는 기분이 안 좋으니까.

be fond of
[비– 파안드 어브]

~을 좋아하는

I'm really fond of Mrs. Porter.
나는 포터 부인이 정말 좋아.

Me too. She's a very generous person.
나도 그래. 그녀는 매우 너그러운 사람이지.

respectable
[리스펙터블]

형 존경할 만한, 훌륭한

Why did you apply to Cambridge?
왜 캠브리지에 지원했나요?

It's a very respectable university.
매우 훌륭한 대학이니까요.

sympathy
[심퍼씨]

명 동정, 연민

I have a lot of sympathy for immigrants.
이민자들을 매우 동정해.

spectacular
[스펙태큘러]

형 장관을 이루는, 극적인

That was a spectacular stunt!
멋진 묘기다!

I could never walk a tightrope.
나는 절대 줄타기 곡예는 못 해.

cold
[코울드]

형 추운, 냉정한

She gave me a cold look at school today.
그녀는 오늘 학교에서 날 냉정하게 보더라고.

I think she's still mad at you.
그녀는 아직 네게 빠져 있는 것 같은데.

06 좋아하는 것과 싫어하는 것

enjoy
[인저이]

동 즐기다

Does Linda enjoy her new job?
린다는 새 일을 즐기니?

Yes, she says it's great.
응, 좋다고 말했어.

interest
[인터레슷]

명 관심, 흥미 동 관심[흥미]을 보이다

I have no interest in Chinese food tonight.
오늘 밤엔 중국 음식이 안 당기네.

How about Mexican?
멕시코 음식은 어때?

like
[라이크]

명 기호, 좋아하는 것 동 좋아하다

What kind of novels do you like?
어떤 종류의 소설을 좋아하니?

Science fiction. You?
공상과학소설. 너는?

love
[러브]

명 사랑 동 사랑하다, 대단히 좋아하다

Carlos is DJing at the club tonight.
카를로스가 오늘 밤 클럽에서 디제이를 한대.

Awesome! I love his music!
멋지네! 그의 음악 좋아해!

miss
[미스]

동 그리워하다

You must **miss** your family.
가족을 그리워하겠구나.

Sure but I call them every week.
물론 그렇지만 매주 전화해.

please
[플리-즈]

동 기쁘게 하다

It **pleases** me when people are kind.
사람들이 친절할 때 기뻐.

I think most people are kind.
대부분의 사람들은 친절한 것 같아.

prefer
[프리퍼-]

동 ~을 더 좋아하다

Would you **prefer** a table by the window?
창가 쪽 테이블이 더 좋으세요?

Yes, please.
예, 부탁합니다.

annoy
[어너이]

동 짜증나게 하다

Hey! Let's play Monopoly!
이봐! 모노폴리 하자!

That's the most **annoying** boardgame ever.
그건 가장 짜증나게 하는 보드게임이라고.

hate
[헤이트]

동 몹시 싫어하다

I **hate** ketchup.
난 케첩을 싫어해.

So what do you put on French fries?
그러면 감자튀김에 뭘 찍어 먹어?

tired of
[타이얼드 어브]

~에 진절머리가 난

Sit down and listen to me!
앉아서 내 말 좀 들어봐!

I'm so **tired of** your speeches!
네 설교에 진절머리가 난다고!

pathetic
[퍼쎄틱]

형 불쌍한, 한심한

I made a shark out of clay and paint.
클레이로 상어를 만들고 색칠했어.

It looks a bit **pathetic**.
좀 불쌍해 보이는데.

inspiring
[인스파이어링]

형 고무하는, 격려하는

I love **inspiring** stories.
나는 고무적인 이야기를 좋아해.

They make you want to change your life.
그것들은 네 삶을 바꾸고 싶어 하도록 하지.

favorite
[페이버리트]

형 마음에 드는, 매우 좋아하는

This is my favorite camping spot.
여기가 내가 가장 좋아하는 캠핑 장소야.

The lake is very peaceful.
호수가 매우 조용하네.

curious
[큐리어스]

형 궁금한, 호기심이 많은

I'm curious about your age. How old are you?
당신 나이가 궁금하네요. 몇 살인가요?

I'm over 30 and under 60.
30세 이상 60세 이하입니다.

disgraceful
[디스그레이쓰플]

형 수치스러운, 부끄러운

... and then he started shouting.
… 그 다음에 그는 소리치기 시작했어.

That's disgraceful behavior.
부끄러운 행동이군.

horrible
[허–러블]

형 지긋지긋한, 끔찍한

What's that horrible smell?
저 끔찍한 냄새는 뭐야?

It smells like the sewer.
하수구 냄새 같은데.

incredible
[인크레더블]

형 믿기 힘든, 믿을 수 없는

Donna's voice is incredible!
도나의 목소리는 굉장해!

She's a professional jazz singer.
그녀는 프로 재즈 가수니까.

popular
[파-펄러]

형 인기있는

Who will become class president?
누가 학급 회장이 될까?

Probably Brent Wilkins. He's the most popular.
아마 브렌트 윌킨스겠지. 인기가 제일 많잖아.

wonderful
[원더플]

형 아주 멋진, 훌륭한

I had a wonderful day.
아주 멋진 날을 보냈지.

We should do this again later.
나중에 이걸 다시 해야 한다고.

peculiar
[피큐-리어]

형 이상한

Denzel is acting peculiar today.
오늘 덴젤의 행동이 이상하던데.

I think his parents got divorced.
그의 부모님이 이혼한 것 같아.

ridiculous
[리디컬러스]

형 웃기는, 터무니없는

This one is only $400!
이게 400달러밖에 안 해!

$400 for a necktie? That's ridiculous!
넥타이가 400달러라고? 말도 안 돼!

terrible
[테러블]

형 끔찍한, 소름끼치는

Uhh...I have a terrible cough.
어…기침이 심하네.

It's okay. I have some cough medicine.
괜찮아. 나한테 기침약이 있어.

mediocre
[미-디오우커]

형 보통 밖에 안 되는, 썩 좋지는 않은

What do you think about the new actress?
새로운 여배우를 어떻게 생각해?

She's mediocre.
썩 좋지는 않아.

sickening
[식커닝]

형 역겨운, 구역질나는

That horror movie was sickening.
저 공포영화는 구역질나.

I thought you liked horror movies.
네가 공포영화를 좋아한다고 생각했는데.

MORE VOCA 신체

☆ head	[헷]	머리
☆ hair	[헤어]	머리카락
☆ face	[페이쓰]	얼굴
☆ eye / eyes	[아이 / 아이즈]	눈
☆ nose	[노우즈]	코
☆ mouth	[마우쓰]	입
☆ ear / ears	[이어 / 이어스]	귀
☆ lip / lips	[립 / 립스]	입술
☆ tooth / teeth	[투-쓰 / 티-쓰]	이, 치아
☆ tongue	[텅]	혀
☆ cheek / cheeks	[치익 / 치익스]	뺨
☆ chin	[친]	턱
☆ moustache	[머스타-쉬]	콧수염
☆ beard	[비얼드]	턱수염
☆ neck	[넥]	목
☆ throat	[쓰로웃]	목구멍
☆ chest	[체슷]	가슴, 흉부
☆ breast / breasts	[브레슷 / 브레스츠]	가슴(여자)
☆ shoulder / shoulders	[쇼울더 / 쇼울더스]	어깨
☆ stomach	[스터먹]	배
☆ waist	[웨이슷]	허리
☆ back	[백]	등
☆ arm / arms	[아암 / 아암스]	팔

☆ elbow	[엘보우]	팔꿈치
☆ hand / hands	[핸드 / 핸즈]	손
☆ finger / fingers	[핑거 / 핑거스]	손가락
☆ thumb	[썸]	엄지손가락
☆ nail / nails	[네일 / 네일스]	손톱
☆ bottom	[바-텀]	엉덩이
☆ leg / legs	[렉 / 렉스]	다리
☆ knee	[니-]	무릎
☆ foot / feet	[풋 / 피잇]	발
☆ toe / toes	[토우 / 토우즈]	발가락
☆ blood	[블럿]	피, 혈액
☆ bone	[보운]	뼈
☆ brain	[브레인]	뇌
☆ heart	[하-트]	심장
☆ muscle / muscles	[머슬 / 머슬스]	근육
☆ skin	[스킨]	피부
☆ voice	[버이쓰]	목소리

UNIT

03

행동과 동작

ACTION AND MOVEMENT

01 신체의 동작과 행위

feel
[피일]

동 느끼다

Your hands feel smooth.
손이 부드럽구나.

I put cream on them.
크림을 발랐거든.

hear
[히어]

동 듣다

Do you hear a train?
기차 소리 들려?

Yes, there's a train station near here.
응, 이 근처에 기차역이 있어.

look
[룩]

명 표정, 겉모습 동 보다, 보이다

What's this?
이게 뭐야?

Look in the box. It's a surprise.
상자 안을 봐. 깜짝 선물이야.

look at
[룩 앳]

바라보다

I like to look at the clouds.
나는 구름을 바라보는 게 좋아.

They look like different animals.
여러 가지 동물들처럼 보이네.

relax
[릴랙스]

동 휴식을 취하다

What's Bruno doing today?
브루노는 오늘 뭘 하고 있어?

He's relaxing at home.
집에서 쉬고 있어.

see
[시-]

동 보다

I can't see very well.
잘 보이지 않아.

Where are your glasses?
네 안경은 어디 있어?

sleep
[슬리입]

명 잠, 수면 동 (잠을) 자다

It's hard to sleep.
잠을 못 자겠어.

I know. The air is very humid.
알아. 공기가 아주 습하지.

touch
[터치]

명 만지기, 감촉 동 만지다, 닿다

What a cute cat!
정말 귀여운 고양이네!

Touch her fur. It's really soft.
털을 만져 봐. 정말 부드러워.

wake up
[웨이크 업]

잠을 깨다

I have to wake up early tomorrow.
내일 일찍 일어나야 해.

I'll set the alarm.
내가 알람을 맞춰놓을 게.

watch
[와앗취]

명 주시, 감시 동 지켜보다, 주시하다

Are you at home?
집에 있니?

No, I'm watching a parade downtown.
아니, 시내에서 퍼레이드를 보고 있어.

stretch
[스츠렛취]

동 늘이다, 기지개를 켜다

I always stretch in the morning.
나는 항상 아침에 스트레칭을 해.

It's a good way to start the day.
하루를 시작하는 좋은 방법이네.

bend
[벤드]

동 굽히다, 숙이다

Can you pick up my hat?
내 모자를 집어 줄래?

It still hurts when you bend?
구부릴 때 아직 아프구나?

go
[고우]

동 가다

Go this way.
이쪽으로 가.

We can't. The road is closed.
안 돼. 길이 막혀 있어.

run
[런]

동 달리다, 뛰다

Why do you get up at 5 a.m.?
너는 왜 새벽 5시에 일어나?

I like to run before breakfast.
아침 먹기 전에 달리는 걸 좋아하거든.

walk
[워억]

명 걷기, 산책 동 걷다

Is David here?
데이비드 여기 있니?

No, he's walking the dog.
아니, 개를 데리고 걷고 있어.

sit
[싯]

동 앉다

Great to see you. Sit down.
만나서 반가워요. 앉으세요.

Wow, this chair is really comfortable!
와, 이 의자는 정말 편한데요!

stand
[스탠드]

동 서다

Can you help me stand up?
내가 일어서는 것 좀 도와주겠니?

No problem Grandpa.
물론이죠 할아버지.

stop
[스타압]

명 멈춤 동 정지하다, 멈추다

Why did you stop running?
왜 달리는 걸 멈췄어?

My knee hurts.
무릎이 아파서.

turn
[터언]

명 돌리기, 회전 동 돌다, 돌리다

Don't turn around. A bear is following us.
뒤돌아보지 마. 곰이 우리를 따라오고 있어.

I hope you're joking.
농담이면 좋겠다.

wait
[웨잇]

명 기다림, 기다리는 시간 동 기다리다

Wait for me. I'll be there soon.
기다려. 곧 도착할 거니까.

Okay. Are you stuck in traffic?
알았어. 길이 막히니?

come
[컴]

동 (~쪽으로) 오다

Are you coming to my party?
내 파티에 올 거야?

Of course. I wouldn't miss it.
물론이지. 놓치지 않을 거야.

do
[두]

동 하다

What did you do today?
오늘 뭐 했어?

I baked some cookies.
쿠키를 좀 구웠어.

kneel
[니일]

동 무릎을 꿇다

What do you do at your church?
교회에서 뭐 하니?

Sometimes I just kneel and pray.
때로는 무릎을 꿇고 기도만 해.

scratch
[스크랫취]

명 긁힌 상처 동 긁다, 할퀴다

What happened to your neck?
네 목에 무슨 일이야?

I was playing with my cat and it scratched me.
고양이랑 놀다가 할켰어.

03 행동 (1)

open
[어우펀]

형 열려 있는 동 열다

Open the door! It's me!
문 열어! 나야!

Okay, just a second!
알았어, 잠깐만!

close
[클로우즈]

동 닫다

Is the lesson finished?
수업은 끝났나요?

Yes, you can close your books.
네, 책을 덮어도 됩니다.

catch
[캐취]

동 잡다, 받다

I'll hit the ball and you catch it.
내가 공을 칠테니 네가 잡아.

Go ahead. I'm ready.
어서 해. 준비 됐어.

drop
[드라압]

동 떨어뜨리다

Be careful with that vase.
꽃병 조심해.

Relax. I won't drop it.
안심해. 떨어뜨리지 않을 거야.

pick up
[픽 업]

(~을) 집다, 들어 올리다

Hmm...that's a big bag of rice.
음…큰 쌀가마니네.

I'll pick it up for you.
내가 널 위해 들어 줄게.

fall
[퍼얼]

동 넘어지다, 떨어지다

Can you skate faster?
더 빠르게 스케이트 탈 수 있어?

If I do, I'll probably fall.
하면, 아마 넘어질 거야.

put
[풋]

동 놓다, 넣다

Now put the vegetables in the sauce.
이제 소스에 채소를 넣으세요.

Okay, I put them in.
네, 넣었어요.

show
[쇼우]

동 보여 주다

You bought a new car? Show me!
새 차 샀니? 보여 줘!

I'll show you tomorrow.
내일 보여 줄게.

step on
[스텝 언]

밟다

A spider! Step on it!
거미다! 밟아버려!

Why? It didn't do anything.
왜? 아무 짓도 안하는데.

take
[테이크]

동 가지고 가다[오다]

The new coffee maker is broken.
새 커피메이커가 고장 났어.

You should take it back to the store.
가게에 다시 가져가야겠네.

sign
[사인]

명 표지판, 징후 동 서명하다

Is that package for me?
저 짐은 내 것인가요?

Yes it is. Sign your name here please.
네 그렇습니다. 여기에 서명해 주세요.

brush
[브러쉬]

명 솔질 동 솔질하다

Where are you?
어디 있어?

I'm in the bathroom, brushing my hair!
욕실에 있어. 머리 빗는 중이야!

04 행동 (2)

climb
[클라임]

명 등산 동 오르다

Hey look! It's an apple tree!
봐 봐! 사과나무야!

I'll climb up and get one.
내가 올라가서 하나 따 줄게.

cross
[크러-스]

동 건너다, 횡단하다

Don't cross the street here.
여기에서 길을 건너지 마.

Yeah, it's a bit dangerous.
응, 좀 위험하군.

enter
[엔터]

동 들어가다 [오다]

The front door is locked.
정문이 잠겨 있어.

We can enter through the back door.
뒷문으로 들어가면 돼.

follow
[파알로우]

동 (~의 뒤를) 따라가다[오다]

Do you see the baby ducks?
새끼 오리들 보이니?

Yes. They're following their mother.
응. 어미를 따라가고 있네.

crawl
[크러얼]

명 기어가기 동 (엎드려) 기다

It's a cave! Let's go in!
동굴이다! 들어가자!

I'm not crawling in there!
나는 저 안에서 기어가지 않을 거야!

jump
[점프]

명 점프 동 뛰다, 점프하다

How high can you jump?
얼마나 높이 뛸 수 있나요?

Maybe I can jump 1 meter.
아마도 1m는 뛸 수 있습니다.

lean
[리인]

동 ~에 기대다, 의지하다

I'm so tired.
너무 피곤해.

You can lean on my shoulder.
내 어깨에 기대도 돼.

pause
[퍼–즈]

명 멈춤 동 잠시 멈추다

The video isn't playing. What happened?
비디오가 안 돌아가. 무슨 일이지?

I paused it.
내가 잠시 멈췄거든.

hesitate
[헤지테이트]

동 망설이다, 주저하다

I almost asked her on a date.
거의 그녀에게 데이트 신청할 뻔 했는데.

Why did you hesitate?
왜 망설이는 거야?

creep
[크리입]

동 살금살금 움직이다

What's in the basement?
지하실에는 뭐가 있어?

Just some mice creeping around.
살금살금 다니는 쥐 몇 마리 밖에 없어.

slip
[슬립]

동 미끄러지다

Are you okay?
괜찮아?

Yeah, I just slipped on some water.
응, 물에 미끄러졌을 뿐이야.

wait
[웨잇]

동 기다리다

Should we wait for Dad or just go?
아빠를 기다려야 해요 아니면 그냥 가요?

Let's wait for him.
아빠를 기다리자꾸나.

05 인간과 동물의 움직임

fast
[패슷]

형 빠른 부 빨리

How fast are you?
너는 얼마나 빠르니?

Not as fast as Usain Bolt.
우사인 볼트만큼은 빠르지 않은 걸.

move
[무-브]

동 움직이다, 옮기다

This table is too crowded.
이 테이블에는 사람이 너무 많네.

Let's move to another one.
다른 데로 옮기자.

pull
[풀]

동 잡아당기다, 끌다

The dentist pulled my tooth out.
치과 의사가 내 이를 뽑았어.

Did it hurt?
아팠어?

push
[푸쉬]

동 밀다, 밀치다

I think this door is locked.
문이 잠긴 것 같은데.

You have to push it open.
밀어서 열어야 해.

careful
[케어플]

형 조심하는, 주의 깊은

Be careful cycling in the rain.
빗속에서 자전거 탈 땐 조심하렴.

I will. I have my helmet too.
그럴게요. 헬멧도 썼어요.

lift
[리픗]

동 들어올리다

What do you do at the gym?
체육관에서 뭐하니?

I mostly lift weights.
대부분 역기를 들어.

throw
[쓰로우]

동 던지다

Is this your garbage?
이거 네 쓰레기니?

Yeah. I'll throw it in the trash can.
응. 내가 쓰레기통에 넣을게.

quick
[쿠익]

형 빠른

Here's your dinner, sir.
여기 저녁 식사입니다, 손님.

Wow, that was very quick.
와, 매우 빠르네요.

slow
[슬로우]

형 느린

What's the slowest animal?
가장 느린 동물이 뭘까?

Worms and snails are really slow.
벌레나 달팽이가 정말 느리지.

still
[스틸]

형 조용한, 움직이지 않는

Don't move! Stay completely still!
움직이지 마! 그대로 가만히 있어.

Stop trying to scare me.
겁 주려는 건 그만 둬.

pounce
[파운스]

동 덮치다, 덤비다

Is that a toy mouse?
저것은 장난감 쥐야?

Yeah, my cat likes to pounce on it.
응, 내 고양이가 그걸 덮치기 좋아해.

slide
[슬라이드]

동 미끄러지다, 미끄러지듯이 움직이다

Slide that pen across the table.
탁자 너머로 저 펜을 굴려줘.

The blue pen? Here you go.
파란 펜? 여기 있어.

06 동작 (1)

pass
[패스]

동 건네주다, 통과하다

Can you pass the jam please?
잼 좀 건네 줄래?

Here you go.
여기 있어.

raise
[레이즈]

동 들어올리다

I can't see your sign.
네 사인이 잘 안 보이는데.

I'll raise it above my head.
머리 위로 들어올릴게.

lower
[로우어]

동 낮추다, 내리다

Lower the box down to me.
그 상자 좀 나한테 내려줘.

Okay. Are you ready?
알았어. 준비됐어?

repair
[리페어]

명 수리 동 고치다, 수리하다

The oven needs to be repaired.
그 오븐은 수리가 필요해.

I'll call the repairman.
내가 수리 기사를 부를게.

destroy

[디스츠러이]

동 파괴하다

Why do humans destroy what they create?

왜 인간들은 자신들이 만들어낸 것을 파괴하지?

That's a good question.

그거 좋은 질문인데.

kick

[킥]

명 차기, 발길질 동 차다

Don't kick my leg.

내 다리 차지 마.

It was an accident.

사고였어.

smash

[스매쉬]

동 박살내다, 힘껏 치다

Did you smash the window?

네가 창문을 박살냈니?

No, another boy did it.

아니요, 다른 아이가 그랬어요.

rub

[럽]

명 문지르기 동 문지르다, 닦다

Could you rub my back?

내 등 좀 문질러 줄래?

Are your muscles sore?

근육이 아프니?

stir
[스터-]

동 젓다, 섞다

Did you **stir** the soup?
수프 저었니?

I'm **stirring** it now.
지금 젓고 있어.

shake
[쉐이크]

명 흔들기 동 흔들다

Open your present!
선물 풀어봐!

I want to **shake** it first.
먼저 흔들어보고 싶은데.

hang
[행]

동 걸다, 매달다

Where did you **hang** the picture?
어디에 그림을 걸까?

Over the fireplace.
벽난로 위에.

sweep
[스위입]

동 쓸다, 청소하다

I dropped some crackers on the floor.
바닥에 과자를 떨어뜨렸어.

Then you can **sweep** them up.
그럼 그걸 청소하면 돼.

07 동작 (2)

wipe
[와이프]

명 닦기 동 닦다

The kitchen floor is wet.
부엌 바닥이 젖었어.

Wipe it with a towel.
수건으로 닦아.

shift
[쉬프트]

명 위치 변동 동 이동하다

I can't hold this desk.
책상을 잡고 있을 수 없어.

Shift your weight to the right.
무게 중심을 오른쪽으로 옮겨.

arrange
[어레인쥐]

동 정리하다

I'll arrange the fruit in the bowl.
내가 과일을 그릇에 정리할게.

Thanks for helping.
도와줘서 고마워.

clear
[클리어]

동 치우다

Clear your clothes off the floor.
바닥에 옷 좀 치우렴.

Right now?
지금이요?

decorate
[데커레이트]

동 장식하다, 꾸미다

The church looks wonderful!
교회가 진짜 멋지다!

They decorated it last night.
어젯밤에 꾸몄어.

dig
[딕]

동 (구멍을) 파다

Where should I dig the hole?
어디에 구멍을 파야 해?

Beside the fence pole.
울타리 옆에.

hit
[힛]

동 때리다, 치다

Why did you hit your brother?
왜 동생을 때렸니?

He took my toy.
내 장난감을 가져갔어요.

knock
[녹]

명 노크 동 두드리다, 노크하다

I don't think Daniel is home.
다니엘이 집에 있을 것 같지 않은데.

Knock on the door one more time.
한 번 더 문을 두드려봐.

pick
[픽]

동 (과일 등을) 따다, 집다

Is this your jacket on the sofa?
소파 위에 있는 것 네 자켓이니?

Yeah. I'll pick it up in a minute.
응. 금방 집을게.

tie
[타이]

동 묶다

Let's go! We're late!
가자! 늦었어!

Just a second. I have to tie my shoes.
잠깐만. 신발끈을 매야 해.

patch
[팻취]

명 부분 동 덧대다, 때우다

My bicycle tire has a hole in it.
내 자전거 바퀴에 구멍이 났어.

I'll patch it tomorrow.
내일 내가 때워 줄게.

fold
[포울드]

명 주름 동 접다, 개키다

I'm not very good at folding towels.
난 수건을 잘 못 개켜.

You'll learn.
배울 거야.

08 동작 (3)

wrap
[랩]

동 싸다, 포장하다

I wrapped Paul's birthday gift.
폴의 생일 선물을 포장했어.

Oh, you did a good job!
오, 잘했구나!

block
[블라악]

동 막다, 차단하다

Why is there a wall here?
여기 왜 벽이 있지?

It blocks animals from coming in.
동물이 들어오는 걸 막거든.

break
[브레익]

동 깨어지다, 부서지다

Stop running in the house!
집에서 뛰어다니지 마!

I won't break anything!
아무것도 깨뜨리지 않을게요!

build
[빌드]

동 짓다, 건설하다

I want to build a motorcycle.
오토바이를 만들고 싶어.

That must be difficult.
어려울텐데.

fix
[픽스]

동 고치다, 고정시키다

The remote control doesn't work.
리모콘이 안 돼요.

Give it to me. I'll fix it.
내게 줘 봐. 고쳐 줄게.

imitate
[이미테이트]

동 모방하다

Lisa is good at imitating animals.
리사는 동물 흉내를 잘 내.

I can imitate a duck. Quack quack!
나는 오리 흉내를 낼 수 있어. 꽥꽥!

press
[프레스]

동 누르다

How do I open the CD player?
그 CD 플레이어는 어떻게 여니?

Press the green button.
녹색 버튼을 눌러 봐.

replace
[리플레이쓰]

동 대신하다, 교체하다

The refrigerator sounds strange.
냉장고 소리가 이상한데.

Actually, we should replace it soon.
사실, 냉장고를 바꿔야 해.

wash
[워–쉬]

명 씻기 동 씻다, 세탁하다

I'll wash the dishes.
내가 설거지를 할게.

Do you need some help.
도와줄까?

turn on
[터언 언]

켜다

Why is the computer turning on?
컴퓨터가 왜 켜져 있지?

I was checking my e-mail.
내가 이메일을 확인하고 있었어.

check
[첵]

명 확인 동 살피다, 확인하다

Do I need my coat today?
오늘 코트 필요할까?

Just a second. I'll check the temperature.
잠깐만. 기온을 확인해 볼게.

charge
[차–쥐]

명 요금 동 청구하다, 충전하다

Can I charge my cellphone here?
여기에서 휴대전화를 충전할 수 있어요?

Be my guest.
그러세요.

allow
[얼라우]

동 허락하다

You can't take photos here.
여기서 사진 찍으면 안 됩니다.

Photos aren't allowed? Okay.
사진 촬영 금지인가요? 알겠습니다.

control
[컨츠로울]

명 통제, 조절 동 제어하다, 조정하다

I have four young children.
저는 아이가 셋이에요.

Is it hard to control them?
아이들을 통제하기 힘들지 않으세요?

disturb
[디스터얼브]

동 방해하다

The class is taking a test.
그 교실은 시험 중이에요.

I won't disturb them.
방해하지 않을게요.

forbid
[퍼-빗]

동 금하다

I forbid you to swear in this house.
이 집에서 욕하는 건 금지야.

Okay Dad.
알겠어요, 아빠.

influence
[인플루언스]

명 영향 동 영향을 주다

Who influences you?
누가 당신에게 영향을 줬나요?

My parents mostly.
대부분 부모님이죠.

obey
[어베이]

동 따르다, 복종하다

Does your kitten obey you?
고양이는 너를 잘 따르니?

Not really. Cats are hard to train.
별로. 고양이는 훈련시키기 힘들어.

permit
[퍼밋]

동 허락하다, 허가하다

Can I smoke here?
여기서 담배 피워도 되나요?

You're not permitted to smoke inside.
실내에서 흡연은 금지입니다.

protect
[프러텍트]

동 보호하다

The police protect us from criminals.
경찰은 우리를 범죄자로부터 보호해 주지.

It's a challenging job.
힘든 직업이지.

tolerate
[타알러레이트]

동 용인하다, 참다

I don't tolerate messy homework.
엉망인 숙제를 봐 줄 수 없구나.

Sorry Mr. Lee.
죄송합니다, 이 선생님.

treat
[츠리잇]

동 취급하다, 대접하다

Treat everyone with kindness.
모든 사람에게 친절하게 대해.

I like your way of thinking.
네 사고 방식이 마음에 들어.

cooperate
[코우아–퍼레이트]

동 협력하다

There's a lot of work to do.
할 일이 많아요.

If we cooperate, we can get it done sooner.
우리가 협력한다면, 금방 끝낼 수 있을 겁니다.

work on
[워얼크 언]

~에 노력을 들이다, 착수하다

I need to work on my typing skills.
내 입력 기술을 위해 노력해야 해.

I have a program you can use.
네가 쓸 프로그램을 갖고 있어.

explain
[익스플레인]

동 설명하다, 변명하다

Can you explain how cellphones work?
휴대전화가 어떻게 작동하는지 설명해 줄래?

I'll try to explain it simply.
간단하게 설명해 볼게.

order
[어–더]

명 명령, 지휘 동 명령하다, 주문하다

Come over here now.
지금 이리 와 봐.

I'm not a dog. Don't order me.
나는 개가 아니야. 명령하지 마.

persuade
[퍼스웨이드]

동 설득하다

What did your doctor say?
의사가 뭐라고 하던가요?

She persuaded me to lose some weight.
체중을 좀 줄여야 한다고 했어요.

express
[익스프레스]

동 표현하다, 나타내다

Dawn is very quiet isn't she?
돈은 매우 조용하구나, 그렇지 않니?

She's not confident expressing herself.
자기 자신을 표현하는데 자신감이 없어.

forgive
[퍼기브]

동 용서하다, 용납하다

I'm sorry I was mean to you.
너한테 못되게 굴어서 미안해.

I forgive you.
용서할게.

inform
[인퍼-엄]

동 알리다

What's the message about?
메시지는 뭐에 대한 거야?

It's to inform us about a conference in June.
6월에 있을 회의에 대해 알려 주는 거야.

convince
[컨빈쓰]

동 납득시키다, 확신시키다

So, is she coming on the trip?
그래서 그녀는 여행 온대?

No, I couldn't convince here to go.
아니, 오라고 설득하지 못했어.

state
[스테이트]

명 상태 동 말하다

What did the President say?
대통령이 뭐라고 했나요?

He stated that the economy is improving.
경제가 발전하고 있다고 말했어요.

scream
[스크리임]

명 비명 동 비명을 지르다

I heard a few people **screaming**.
몇몇 사람들이 비명을 지르는 걸 들었어요.

exaggerate
[이그재저레이트]

동 과장하다

I caught a fish five meters long!
내가 5m짜리 물고기를 잡았어!

Don't **exaggerate**.
과장하지 마.

bold
[보울드]

형 용감한, 대담한

All C.E.O.s are thieves.
최고경영자들은 모두 도둑이야.

That's a **bold** thing to say.
말하기에는 대담한 일이지.

privately
[프라이벗리]

부 남몰래, 개인적으로

Can I speak with you **privately**?
당신에게 사적으로 말해도 되요?

Sure. Is everything alright?
물론이요. 모든 게 괜찮죠?

11 행동에 관한 표현 (2)

congratulation
[컨그래츄레이션]

명 축하 (인사), 축하해요

I'm cancer-free!
암이 완치됐어!

That's amazing news! Congratulations!
놀라운 소식이구나! 축하해!

thank
[쌩크]

동 감사하다, 고마워하다

Thank you for the flowers.
꽃 고마워.

My pleasure.
천만에.

welcome
[웰컴]

명 환영, 환대 동 환영하다, 맞이하다

Welcome to South Korea!
한국에 오신 걸 환영합니다!

Thanks. It's great to finally be here.
고마워요. 드디어 오게 되서 좋네요.

introduce
[인츠러듀-쓰]

동 소개하다

I'd like to introduce my friend Eliza.
내 친구 엘리자를 소개할게.

Nice to meet you Eliza.
만나서 반가워 엘리자.

refer
[리퍼-]

㊐ 언급하다, 참조하다

Where can I find the answer?
어디에서 답을 찾을 수 있지?

Refer to the chart on page 12.
12쪽의 차트를 참고해.

clarify
[클래러파이]

㊐ 분명히 말하다

Can you **clarify** what you mean?
네가 의미하는 바를 명확하게 해 줄래?

Sure. Let me give you an example.
물론. 내가 예를 들어줄게.

whisper
[위스퍼]

㊔ 속삭임 ㊐ 속삭이다

What happened?
무슨 일이야?

Someone might hear. I'll **whisper** it to you.
누가 들을지도 몰라. 귓속말로 얘기해 줄게.

distinguish
[디스팅기쉬]

㊐ 구분하다, 구별하다

I can't **distinguish** Americans from Canadians.
미국인과 캐나다인을 구별하지 못하겠어.

They have many similarities.
비슷한 점이 많으니까요.

swear
[스웨어]

동 욕을 하다, 맹세하다

My dad only swears if he's angry.
우리 아빠는 화가 날 때만 욕을 하셔.

I've never heard my dad swear.
나는 우리 아빠가 욕하는 걸 들어본 적이 없어.

conclude
[컨클루-드]

동 끝내다, 마치다

...and he concluded the meeting with a song.
…그리고 그는 노래로 회의를 마무리했어.

Energizing the group. Nice move.
기운을 북돋우는 것. 멋진 행동이네.

joke
[조욱]

명 농담 동 농담하다

I won a million dollars!
백만 달러 땄어!

I know you're joking.
농담하는 거 알아.

admit
[어드밋]

동 인정하다

I admit it. I made a mistake.
인정해. 내가 실수했어.

I'm glad you can admit when you're wrong.
네가 틀렸을 때 인정하니 좋구나.

12 태도, 노력, 희망

achieve
[어취-브]

동 성취하다

What do you want to achieve in life?
인생에서 이루고 싶은 게 뭐니?

I want to be a good mother.
좋은 엄마가 되고 싶어.

admire
[앳마이어]

동 감탄하다, 칭찬하다

Why do you admire Elvis?
왜 엘비스를 존경하니?

He followed his dream.
그는 자신의 꿈을 좇았으니까.

attempt
[어템프트]

명 시도 동 시도하다

Once I attempted to climb Everest.
예전에 에베레스트 등반을 시도했어.

That's impressive!
멋진데!

desire
[디자이어]

명 갈망, 욕구 동 갈망하다, 바라다

What do you desire?
네가 바라는 건 뭐니?

Love. A family. Financial success.
사랑. 가족. 경제적 성공.

imagine
[이매진]

동 상상하다

I can't imagine being old.
늙는 것을 상상할 수 없어.

Nobody can.
아무도 할 수 없지.

mind
[마인드]

명 마음, 생각 동 상관하다, 신경 쓰다

What's on your mind?
무슨 생각하니?

I'm thinking about changing jobs.
직장을 옮길까 생각 중이야.

pretend
[프리텐드]

동 ~인 척하다

Sometimes I pretend I'm a child.
나는 때때로 아이인 척 해.

Do you wish you were younger?
어려지고 싶은 거야?

refuse
[리퓨-즈]

동 거절하다, 거부하다

What's the secret to your success?
당신 성공의 비밀은 무엇인가요?

I refuse to quit.
그만두지 않는 것이죠.

regard
[리가–드]

명 관심, 존경 동 ~로 여기다

What's your opinion about Kurt?
커트에 대해 어떻게 생각해?

I regard him as a good friend, nothing more.
그는 좋은 친구라고 생각해, 그 이상은 아니야.

wonder
[원더]

명 경탄, 불가사의 동 궁금하다, 놀라다

I wonder if Michael will get married.
마이클이 결혼할 건지 궁금하네.

I don't think so. He loves his freedom.
안 그럴 것 같은데. 그는 자유를 사랑하니까.

strive
[스츠라이브]

동 분투하다

It's not easy to write a bestseller.
베스트셀러를 쓰는 게 쉽지 않아.

I'll strive until I do it.
난 할 때까지 애쓸 거야.

aspire
[어스파이어]

동 열망하다

What did you aspire to be as a child?
어릴 때 뭐가 되고 싶었어?

I wanted to be a fire fighter.
소방관이 되고 싶었어.

UNIT

04

의식주

FOOD, CLOTHING AND SHELTER

01 옷과 입기

wear
[웨어]

동 입다, 착용하다

What are you wearing tonight?
오늘 밤에 뭐 입을 거야?

My black sleeveless dress.
검정 민소매 드레스지.

undress
[언드레스]

동 옷을 벗다

Brush your teeth and undress for bed.
이 닦고 옷 벗고 자렴.

Can I wear my blue pajamas?
파란 잠옷 입어도 되요?

tight
[타잇]

형 꽉 조여 있는, 단단한

These pants are too tight.
이 바지는 너무 끼는데.

I'll look for a bigger size.
더 큰 사이즈를 찾아볼게.

comfortable
[컴퍼터블]

형 편안한, 쾌적한

Are those shoes comfortable?
저 신발은 편하세요?

Yes, they feel nice. I'll take them!
네, 느낌이 좋네요. 그걸로 할게요!

dirty
[더-티]

형 더러운

Where are your dirty clothes?
네 더러운 옷은 어디 있니?

I put them in the washing machine.
세탁기에 넣었어요.

clean
[클리인]

형 깨끗한 동 청소하다

I don't have any clean socks.
깨끗한 양말이 없어.

You can borrow some of mine.
내 것 빌려도 돼.

dry
[드라이]

형 마른, 건조한 동 말리다

How long until my clothes are dry?
내 옷이 마르려면 얼마나 걸릴까?

About 40 minutes.
40분쯤.

change
[체인쥐]

동 바꾸다, 변하다

You're wearing jeans to an office party?
회사 파티에 청바지를 입고 왔어?

Okay, okay, I'll change into a suit.
그럼, 괜찮아, 양복으로 갈아입을 거야.

fashion
[패션]

명 유행, 유행하는 방식

Do you follow fashion trends?
너는 유행 트렌드를 따르니?

Not really. I just wear what I like.
별로. 그냥 내가 좋아하는 걸 입어.

fit
[핏]

명 어울림, 조화 형 알맞은 동 맞다, 적합하다

These shirts don't fit me.
이 셔츠들은 나한테 안 맞는데.

Then give them to your little brother.
그러면 네 동생한테 주렴.

flatter
[플래터]

동 (실제보다) 돋보이게 하다

This skirt doesn't flatter my hips.
이 치마는 내 엉덩이를 돋보이게 하지 않아.

I think it looks fine.
괜찮아 보이는데.

narrow
[내로우]

형 좁은

You don't like skinny jeans?
스키니진 안 좋아하니?

No, the legs are too narrow.
응, 다리가 너무 좁아.

MORE VOCA

소지품과 착용물

What we carry and wear [왓 위 캐리 앤드 웨어] 소지품과 착용물

☆ glasses	[글래시스]	안경
☆ shirt	[셔-트]	셔츠
☆ collar	[칼러]	깃
☆ tie	[타이]	넥타이
☆ suit	[수웃]	신사복
☆ handkerchief	[행커치프]	손수건
☆ pocket	[파킷]	주머니
☆ watch	[와앗치]	손목시계
☆ pants = trousers	[팬츠] [츠라우저즈]	바지
☆ shoes	[슈-즈]	구두
☆ umbrella	[엄브렐러]	우산
☆ hat	[햇]	모자
☆ socks	[삭스]	양말
☆ sandals	[샌들스]	샌들
☆ necklace	[넥클리쓰]	목걸이
☆ coat	[코웃]	외투
☆ skirt	[스커-트]	치마
☆ belt	[벨트]	허리띠
☆ gloves	[글러브즈]	장갑
☆ handbag	[핸드백]	핸드백

Color [컬러] 색

☆ black	[블랙]	검정색
☆ blue	[블루–]	파란색
☆ brown	[브라운]	갈색
☆ green	[그리인]	녹색
☆ grey	[그레이]	회색
☆ orange	[어–린쥐]	주황색
☆ pink	[핑크]	분홍색
☆ purple	[퍼–플]	보라색
☆ red	[렛]	빨간색
☆ yellow	[옐로우]	노란색
☆ white	[와이트]	흰색
☆ bright	[브라잇]	밝은, 빛나는
☆ dark	[다–크]	짙은, 어두운

02 식사 준비와 음식 묘사

cook
[쿡]

동 요리하다

What do you want for dinner?
저녁으로 뭘 먹고 싶니?

Can you cook some meatballs and rice?
미트볼 요리해 줄 수 있어?

delicious
[딜리셔스]

형 아주 맛있는

This sauce is delicious!
이 소스 아주 맛있네!

It's easy to make, just vegetables and spices.
만들기 쉬워, 채소랑 양념만 있으면 돼.

fry
[프라이]

동 튀기다, 굽다

What's that smell?
무슨 냄새지?

I'm frying some bacon for breakfast.
아침 식사로 베이컨 좀 굽고 있어.

boil
[버일]

동 끓다, 끓이다

How do you make pasta?
너는 파스타를 어떻게 만드니?

It's simple. First, boil some water.
간단해. 먼저, 물을 끓여.

hot
[핫]

형 뜨거운, 매운

These cookies are too hot!
이 쿠키는 너무 뜨거워!

Let them cool before you eat them.
먹기 전에 식혀.

cut
[컷]

동 자르다

Cut a big piece of chicken for me.
닭을 큰 조각으로 잘라 줘.

Do you want white or dark meat?
흰 고기를 원하니 아니면 검은 고기를 원하니?

mix
[믹스]

동 섞다

I'll set the table. Can you mix the salad?
내가 상을 차릴게. 샐러드 좀 섞어 줄래?

No problem. Where are the tongs?
좋아. 집게는 어디 있어?

raw
[러-]

형 익히지 않은, 날것의

How come you don't like raw fish?
어떻게 회를 싫어할 수 있어?

It feels strange in my mouth.
식감이 이상하거든.

sour
[사워]

형 (맛이) 신, 시큼한

Where did you get this sour pork recipe?
이 탕수육 조리법은 어디에서 얻었니?

My grandmother used to make it.
할머니가 만들어 주시곤 했지.

sweet
[스위잇]

형 달콤한

This cake is so sweet! What's in it?
이 케이크 정말 달다! 안에 뭐가 들었어?

Chocolate, caramel and sugar of course.
초콜릿, 캐러멜, 그리고 물론 설탕도.

bitter
[비터]

형 맛이 쓴

Uggh! Why is this coffee so bitter?
어! 이 커피 왜 이리 쓰지?

Because it's 4 days old.
4일 됐거든.

strong
[스츠러엉]

형 (음식이) 향이 강한

I love this new steak sauce.
이 새로운 스테이크 소스 마음에 들어.

It tastes a bit stronger than our normal one.
보통 것보다 향이 좀 강하지.

03 먹기와 마시기

eat
[이잇]

동 먹다

What's for dessert?
디저트는 뭐야?

Pie but eat your meat and vegetables first.
파이인데 먼저 고기랑 채소를 먹어.

drink
[드링크]

명 음료 동 마시다

Anything to drink?
뭐 좀 마실래?

What do you have?
뭐가 있어?

full
[풀]

형 배부르게 먹은

I'm so full!
배불러!

Me too. I couldn't stop eating!
나도. 계속 먹었어!

hungry
[헝그리]

형 배고픈

I'm not hungry right now.
지금은 배고프지 않아.

Alright, you can eat later.
좋아, 나중에 먹어도 돼.

bite
[바이트]

동 물다, 베어 물다

Is that raspberry cheesecake?
저건 산딸기 케이크인가요?

Yes. Do you want a bite?
네. 한입 드시겠어요?

smell
[스멜]

명 냄새 동 냄새가 나다

I don't like the smell of this cheese.
이 치즈 냄새가 싫어.

I bought that weeks ago. Throw it away.
2주 전에 산 거야. 버려.

swallow
[스왈로우]

동 삼키다

That steak is hard to swallow.
저 스테이크는 씹기 힘들어.

Cut it into smaller pieces.
작게 잘라봐.

taste
[테이스트]

명 맛 동 맛이 나다, 맛보다

Have you ever tasted dried squid?
마른 오징어 먹어 본 적 있니?

Yeah, it tastes good actually.
응, 정말 맛있던데.

thirsty
[써얼스티]

형 목이 마른

I'm still thirsty after running.
뛰고 났더니 아직도 목이 말라.

Do you want some lemonade?
레모네이드 좀 마실래?

drunk
[드렁크]

형 술에 취한

I was really drunk last night, wasn't I?
지난밤에 정말 취했었어, 그렇지 않니?

Yeah, you had a lot of wine.
응, 와인 많이 마시더라.

savor
[세이버]

명 맛, 풍미 동 맛을 내다, 맛보다

Why are you eating so slowly?
왜 이렇게 천천히 먹고 있니?

I want to savor every bite.
먹을 때마다 음미하고 싶어서.

chew
[츄–]

동 씹다

Chew before you swallow.
삼키기 전에 씹어라.

I always chew my food.
난 항상 음식을 씹어요

MORE VOCA

음식과 요리

☆ breakfast	[브렉퍼슷]	아침 식사
☆ lunch	[런치]	점심 식사
☆ dinner	[디너]	저녁 식사(정찬)
☆ supper	[서퍼]	저녁 식사
☆ morning tea	[머-닝 티-]	오전에 마시는 차
☆ eating out	[이-팅 아웃]	외식
☆ menu	[메뉴-]	메뉴, 차림표
☆ cafeteria	[캐퍼티리어]	카페테리아(셀프서비스식 식당)
☆ restaurant	[레스터런트]	식당
☆ meat	[미잇]	고기
☆ beef	[비-프]	소고기
☆ pork	[퍼-크]	돼지고기
☆ chicken	[치킨]	닭고기
☆ lamb	[램]	(새끼) 양고기
☆ mutton	[머튼]	양고기
☆ fish	[피쉬]	생선
☆ sausage	[서-시쥐]	소시지
☆ ham	[햄]	햄
☆ hamburger	[햄버-거]	햄버거
☆ rice	[라이쓰]	쌀, 밥
☆ vegetable	[베쥐터블]	채소

☆	sandwich	[샌뒤치]	샌드위치
☆	cookie	[쿠키]	쿠키
☆	dessert	[디저-트]	디저트
☆	pudding	[푸딩]	푸딩; 디저트
☆	salad	[샐러드]	샐러드
☆	soup	[수프]	수프
☆	dressing	[드레싱]	드레싱, 소스
☆	cheese	[치-즈]	치즈
☆	chocolate	[차-클럿]	초콜릿
☆	ice cream	[아이쓰 크리임]	아이스크림
☆	jam	[잼]	잼
☆	candy	[캔디]	사탕
	= sweets	[스위잇츠]	
☆	water	[워-터]	물
☆	coffee	[커-피]	커피
☆	juice	[쥬-쓰]	주스
☆	tea	[티-]	차
☆	milk	[밀크]	우유
☆	soda	[소우더]	탄산음료

☆ dish	[디쉬]	접시
☆ bowl	[보울]	사발, 그릇
☆ glass	[글래스]	유리컵
☆ spoon	[스푸운]	숟가락
☆ chopsticks	[찹스틱스]	젓가락
☆ fork	[퍼–크]	포크
☆ knife	[나이프]	칼
☆ pan	[팬]	(손잡이가 달린) 냄비
☆ pot	[팟]	(둥글고 속이 깊은) 냄비
☆ frying pan	[프라잉 팬]	프라이팬

live
[리브]

동 살다

Where do you live now Julian?
줄리안, 지금 어디 사니?

I live in a condo on Summer Street.
섬머 가에 있는 아파트에 살아.

stay
[스테이]

동 머무르다, 있다

I plan to stay in Osaka for two more years.
나는 오사카에 2년 더 머무를 계획이야.

That's not very long.
별로 길지 않은데.

rent
[렌트]

명 임대 동 임대하다

Are you still going to university?
아직 대학에 다니니?

Yes, and I'm renting a place close to the school.
응, 그래서 학교 근처에 방을 임대하고 있어.

tidy
[타이디]

형 깔끔한, 잘 정돈된 동 정리하다

Your apartment is so tidy!
네 아파트는 아주 깔끔한데!

I clean it before people visit.
사람들이 오기 전에 청소하거든.

use

명 [유–스]

동 [유–즈]

명 사용 동 사용하다

Are you using your cottage next month?
다음 달에 네 오두막 쓸 거니?

No. Do you want to use it?
아니. 네가 쓰고 싶니?

comfortable

[컴퍼터블]

형 안락한

Are you comfortable living with 7 friends?
친구 일곱 명과 사는 건 편하니?

Nope.
아니.

cosy

[코우지]

형 아늑한

I love your living room!
네 거실이 좋은데!

Thanks. It's small but very cozy.
고마워. 작지만 매우 편안해.

modern

[마–던]

형 현대의

This one has a very modern design.
이건 아주 현대적인 디자인이네요.

It's nice but we're more old-fashioned.
좋긴 하지만 우리는 좀 더 구식이에요.

convenient
[컨비-니언트]

편리한

There's a busstop just across the street too.
길 건너편에도 버스정류장이 있어.

You're in a convenient location.
편리한 위치에 있구나.

practical
[프랙티클]

형 실용적인

So your office is in your home?
그러면 사무실은 집안에 있나요?

Yes it is. It's very practical.
그렇습니다. 매우 실용적이에요.

property
[프라-퍼티]

명 재산, 소유물, 부동산

Where does your property end?
어디까지가 당신 소유예요?

Do you see the tree line? It ends there.
저 나무 선 보여요? 거기까지예요.

musty
[머스티]

형 퀴퀴한 냄새가 나는

Virgil's apartment is a little musty.
버질의 아파트는 좀 퀴퀴한 냄새가 나.

I know. It's an old basement apartment.
알아. 오래된 지하 아파트잖아.

MORE VOCA

집 안

☆ television	[텔러비전]	텔레비전
☆ refrigerator	[리프리저레이터]	냉장고
☆ telephone	[텔러포운]	전화, 전화기
☆ clock	[클라악]	시계
☆ radio	[레이디어우]	라디오
☆ furniture	[퍼-니처]	가구
☆ wardrobe	[워-드로웁]	옷장
☆ sofa	[소우퍼]	소파
☆ cushion	[쿠션]	쿠션
☆ table	[테이블]	테이블
☆ chair	[체어]	의자
☆ desk	[데슥]	책상
☆ drawer	[드러-]	서랍
☆ light	[라잇]	전등
☆ cupboard	[커버드]	찬장
☆ painting	[페인팅]	그림
☆ picture	[픽처]	사진
☆ curtain	[커-튼]	커튼
☆ pillow	[필로우]	베개
☆ single bed	[싱글 벳]	1인용 침대
☆ double bed	[더블 벳]	2인용 침대
☆ mattress	[맷츠러스]	매트리스
☆ sheet	[쉬잇]	시트, 홑이불

☆ blanket	[블랭킷]	담요
☆ rug	[럭]	깔개, 양탄자
☆ carpet	[카–핏]	카페트
☆ mirror	[미러]	거울
☆ washstand	[워쉬스탠드]	세면대
☆ bathtub	[배쓰텁]	욕조
☆ shower	[샤워]	샤워기
☆ tap	[탭]	수도꼭지
☆ key	[키–]	열쇠
☆ lock	[라악]	자물쇠
☆ broom	[브루움]	빗자루

☆ entrance	[엔츠런쓰]	출입구, 현관
☆ balcony	[밸커니]	발코니
☆ first floor	[퍼–슷 플러–]	1층
= story	[스터–리]	
☆ upstairs	[업스테어즈]	위층, 2층
☆ downstairs	[다운스테어즈]	아래층
☆ basement	[베이스먼트]	(건물의) 지하층
☆ corridor	[커–리더]	복도
☆ hall	[허얼]	홀
☆ living room	[리빙 루움]	거실
☆ bedroom	[벳루움]	침실

☆	dining room	[다이닝 루움]	식당
☆	kitchen	[킷천]	부엌
☆	bathroom	[배쓰루움]	욕실, 화장실(미)
☆	toilet	[터일릿]	변기, 화장실(영)
☆	elevator	[엘러베이터]	엘리베이터
☆	door	[더-]	문
☆	window	[윈도우]	창문
☆	roof	[루-프]	지붕
☆	chimney	[침니]	굴뚝
☆	floor	[플러-]	바닥, 마루
☆	wall	[워얼]	벽
☆	stair / stairs	[스테어 / 스테어스]	계단
☆	ceiling	[씨-링]	천장
☆	gate	[게이트]	문, 대문
☆	garden	[가-든]	정원
☆	lawn	[러언]	잔디
☆	yard	[야-드]	마당
☆	fence	[펜쓰]	울타리
☆	garage	[거라-쥐]	차고

☆	city	[씨티]	도시
☆	downtown	[다운타운]	번화가, 상업지구
☆	town	[타운]	도시, 읍
☆	village	[빌리쥐]	마을
☆	farm	[파암]	농장
☆	road	[로웃]	(차가 다니는) 도로
☆	street	[스츠리잇]	거리, 도로
☆	sidewalk	[사이드워억]	인도, 보도
☆	crossing	[크러-싱]	건널목
☆	path	[패쓰]	오솔길
☆	bridge	[브리쥐]	다리
☆	market	[마-킷]	시장
☆	supermarket	[수-퍼마-컷]	슈퍼마켓
☆	store = shop	[스터-] [샵]	가게, 상점
☆	mall	[머얼]	쇼핑센터
☆	bank	[뱅크]	은행
☆	hospital	[하스피틀]	병원
☆	pharmacy	[파-머씨]	약국
☆	post office	[포우슷 어-피쓰]	우체국
☆	subway station	[섭웨이 스테이션]	지하철역
☆	library	[라입레리]	도서관
☆	park	[파-크]	공원

UNIT

05

언어, 공부, 교육

LANGUAGE, STUDY AND EDUCATION

01 이야기와 질문

agree
[어그리-]

동 동의하다

Let's eat first and work later.
먼저 먹고 나중에 일하자.

I totally agree. I can't work if I'm hungry.
나도 완전 찬성이야. 배고프면 일할 수 없거든.

answer
[앤서]

명 대답 동 대답하다

I didn't understand his answer.
난 그의 대답을 이해할 수 없어.

I know. It was kind of confusing.
알아. 좀 헷갈리지.

ask
[애슥]

동 질문하다, 요청하다

Can I ask you a question?
질문 하나 해도 될까요?

Sure. What is it?
물론이죠. 뭔가요?

call
[커얼]

명 전화 동 ~라고 부르다, 전화하다

Can you call me later? I'm busy now.
나중에 전화해 주시겠어요? 지금 바빠서요.

Okay. What's a good time to call?
알겠습니다. 언제 전화하면 좋을까요?

promise
[프라-미스]

명 약속 동 약속하다

Where are you going?
어디 가는 거야?

To Trevor's house. I promised to help him study.
트레보 집에. 공부 도와주기로 약속했거든.

repeat
[리피잇]

명 반복 동 반복하다

Excuse me? Could you repeat that please?
뭐라고요? 다시 한 번 말씀해 주시겠어요?

say
[세이]

동 말하다

What did she say?
그녀가 뭐라고 말했나요?

She said that our report was impressive.
우리 보고서가 인상적이라고 했어요.

speak
[스피익]

동 말하다

You speak very well.
너는 말을 아주 잘하는구나.

Yeah, but I'm a little scared to speak in front of people.
응, 하지만 사람들 앞에서 말하는 건 좀 두려워.

talk
[터억]

명 이야기 동 이야기하다

Do you have time to talk?
잠깐 얘기할 시간 있나요?

Sure. Come by my office after 4 o'clock.
물론이죠. 4시 이후에 내 사무실로 오세요.

tell
[텔]

동 말하다

I have to tell you something.
네게 할 말이 있어.

Is it about the graduation ceremony?
졸업식에 관한 거니?

recite
[리싸이트]

동 암송하다

I can recite the whole speech now.
지금 연설문 전체를 암송할 수 있어.

whisper
[위스퍼]

동 속삭이다, 귓속말을 하다

I have a secret to tell you.
비밀을 말해 줄게.

What is it? Whisper it to me.
뭔데? 귓속말로 해 봐.

borrow
[바–러우]

동 빌리다

Can I borrow an eraser?
지우개 좀 빌려 줄래?

Here you go.
여기 있어.

copy
[카–피]

명 복사 동 복사하다, 베끼다

Don't copy that information from the internet.
인터넷에서 정보를 베끼지 마세요.

I'm not. I'm just reading it.
안 했어요. 읽기만 할 뿐이에요.

fill in
[필 인]

작성하다

Fill in your name and address, please.
이름과 주소를 써 넣으세요.

No problem. Do you have a pen?
알겠습니다. 펜 있어요?

look up
[룩 업]

찾아보다

How did you find that answer?
그 대답을 어떻게 알아냈니?

I looked it up online.
인터넷에서 찾아봤어.

read
[리잇]

동 읽다

Do you read every night?
매일 밤 독서를 하니?

Yeah, I usually read ten or twenty pages every night.
응, 보통 매일 밤 10~20쪽을 읽어.

write
[라이트]

동 쓰다

How do you write an essay?
에세이를 어떻게 쓰니?

It's not that hard. I'll show you.
그리 어렵지 않아. 내가 알려 줄게.

define
[디파인]

동 정의하다

Please define these words for homework.
숙제로 이 단어들의 정의를 쓰세요.

Can we use a dictionary?
사전을 이용해도 되나요?

meaning
[미–닝]

명 뜻, 의미

What is the meaning of procrastinate?
procrastinate의 의미가 뭐야?

It means to delay doing something until later.
뭔가를 뒤로 미룬다는 의미야.

spell
[스펠]

동 ~의 철자를 말하다[쓰다]

How do you **spell** environment?
environment의 철자가 어떻게 되지?

E - n - v - i - r -
e – n – v – i – r –

translate
[츠랜슬레이트]

동 번역하다, 통역하다

I don't understand Korean.
한국어를 이해하지 못하겠어.

Let me see. I'll **translate** it into English.
어디 보자. 내가 영어로 번역해 줄게.

plagiarize
[플레이저라이즈]

동 표절하다

Amber got caught for **plagiarizing**.
앰버는 표절로 걸렸어.

She'll probably get a zero on her essay then.
그럼 그녀는 아마도 에세이를 0점 받겠구나.

edit
[에딧]

동 편집하다, 수정하다

We learned to **edit** our writing for mistakes.
우리는 작문의 실수를 수정하는 것을 배웠어.

MORE VOCA

언어

☆ language	[랭귀지]	언어
☆ foreign language	[퍼-런 랭귀지]	외국어
☆ national language	[내셔널 랭귀지]	국어
☆ vocabulary	[버캐뷰어레리]	어휘
☆ pronunciation	[프러넌씨에이션]	발음
☆ grammar	[그래머]	문법
☆ spelling	[스펠링]	철자법, 맞춤법
☆ tense	[텐스]	(동사의) 시제
☆ rule	[루울]	규칙

☆ well	[웰]	잘
☆ very well	[베리 웰]	아주 잘
☆ quite well	[콰이트 웰]	아주 잘
☆ fluently	[플루-언틀리]	유창하게
☆ not very well	[낫 베리 웰]	잘 못하는
☆ poorly	[퍼-리]	형편없이
☆ loudly	[라우들리]	큰 소리로
☆ softly	[서픗리]	부드럽게
☆ quickly	[쿠익리]	빠르게
☆ slowly	[슬로우리]	천천히, 느리게
☆ quietly	[콰잇리]	조용하게
☆ aloud	[어라웃]	큰 소리로

03 배움

know
[노우]

동 알다, 알고 있다

Do you know much about biology?
생물학에 대해 많이 아니?

No, not really. I just know some basic things.
아니, 별로. 기본적인 것만 좀 알아.

learn
[러언]

동 배우다

Learn something new every day.
매일 새로운 것을 배우렴.

That's great advice.
좋은 충고네요.

mark
[마–크]

명 점수 동 채점하다

What mark did you get on the test?
시험에서 몇 점을 받았니?

I got an 82. What about you?
나는 82점이야. 너는 어때?

memorize
[메머라이즈]

동 암기하다

What are you doing tonight?
오늘 밤 뭐 할 거야?

I have to memorize a poem for homework.
숙제로 시를 외워야 해.

pass
[패스]

동 합격하다, 통과하다

I don't think I passed the exam.
시험에 합격할 것 같지 않아.

Be confident! You always do well.
자신감을 가져! 넌 항상 잘하잖아.

practice
[프랙티쓰]

명 연습 동 연습하다

Ken has to practice the cello after school.
켄은 방과후에 첼로를 연습해야 해.

Does he have a concert soon?
곧 콘서트가 있지?

remember
[리멤버]

동 기억하다

When you're older, it's harder to remember things.
나이가 들면, 외우는 게 더 어려워 져.

You should write things down.
적어 놓아야지.

forget
[퍼겟]

동 잊다

After I read something, I forget it.
뭔가 읽고 나면, 잊어버려.

Then read it again.
그러면 한 번 더 읽어 봐.

teach

[티-취]

동 가르치다

Is it hard to teach students?
학생들을 가르치는 건 어렵나요?

Sometimes it is. You have to be patient.
가끔은 그래요. 인내심을 가져야 해요.

fail

[페일]

동 실패하다

Are you afraid to fail?
실패하는 게 두렵니?

No. Failing is a good way to learn.
아니. 실패는 좋은 학습법이지.

review

[리뷰-]

명 복습, 논평 동 복습하다, 논평하다

The purpose of doing homework is a good way to review a lesson.
숙제하는 목적은 수업을 복습하는 좋은 방법이다.

preview

[프리-뷰-]

명 예습, 시사회 동 예습하다, 간단히 소개하다

What are you doing?
뭐 하고 있니?

I'm previewing what we'll study tomorrow.
내일 배울 것을 예습하고 있어.

attend
[어텐드]

동 참석하다

I didn't see you yesterday.
어제 너 안 보이던데.

I couldn't attend class. I had a dentist appointment.
수업에 안 나갔어. 치과 예약이 있었거든.

concentrate
[칸썬츠레이트]

동 집중하다

Let's go to a cafe and work.
카페에 가서 일하자.

I can't concentrate there. It's too noisy.
난 거기서 집중이 안 돼. 너무 시끄럽잖아.

discover
[디스커버]

동 발견하다

How did you discover this study group?
이 스터디 그룹을 어떻게 발견했니?

George told me about it.
조지가 말해 줬어.

educate
[에쥬케이트]

동 교육하다

Why do you want to be a teacher?
왜 교사가 되고 싶나요?

I want to educate children.
아이들을 가르치고 싶어서요.

prepare
[프리페어]

동 준비하다

How did you **prepare** for the test?
시험에 어떻게 대비했니?

I just read my textbook.
그냥 교과서만 읽었어.

clever
[클레버]

형 영리한, 똑똑한

Wow! Mary's really **clever**.
와! 메리는 정말 똑똑하네.

I know. She has a solution for every problem.
알아. 그녀는 모든 문제의 해결책을 가지고 있지.

hard-working
[하-드워-킹]

형 근면한

You're a very **hard-working** student.
너는 매우 열심히 하는 학생이구나.

Thanks, Mrs. Cavendish.
고마워요, 카벤디시 선생님.

intelligent
[인텔리전트]

형 총명한, 똑똑한

Do you like your professors?
교수들을 좋아하니?

Sure. They're all very **intelligent**.
물론. 매우 똑똑하시지.

lazy
[레이지]

형 게으른

Did you hear? Sharon failed chemistry.
소식 들었니? 섀런이 화학에서 낙제했대.

That's because she's lazy.
게으르기 때문이야.

succeed
[석씨잇]

동 성공하다

Work hard and you'll succeed.
열심히 하면 성공할 거야.

That's what my parents always say.
부모님이 항상 하시던 말이네.

take notes
[테이크 너우츠]

필기하다

Did you take notes in Miller's class?
밀러의 수업에서 필기했어?

Of course. Do you want to borrow them?
물론. 빌려 줄까?

postpone
[포우슷포운]

동 연기하다, 미루다

Sports Day was postponed until Monday.
운동회가 월요일로 연기됐어.

Sure.
알아.

05 독서와 책

according to
[어커-딩 투]

㉠ ~에 의하면, 따르면

According to Mr. Miller, this book is amazing!
밀러 씨에 따르면, 이 책은 재미있대!

Can I borrow it when you're finished? 다 읽으면 내가 빌려도 돼?

contain
[컨테인]

㉧ ~이 들어 있다

How is that new history book?
새 역사책은 어때?

Great, and it contains maps and an index.
훌륭해, 그리고 지도랑 색인도 들어 있어.

deal with
[디일 위드]

처리하다, ~을 다루다

What is your book about?
네 책은 뭐에 대한 거야?

It deals with art during the Renaissance.
르네상스 시대의 예술을 다루고 있어.

describe
[디스크라이브]

㉧ 말하다, 묘사하다

I'm looking for that new bestseller.
새 베스트셀러를 찾고 있어요.

Can you describe it? What's the story?
설명해 주시겠어요? 무슨 이야기인가요?

include
[인클루-드]

동 포함하다

This magazine **includes** a music CD.
이 잡지는 음악 CD가 포함됩니다.

Cool. How much is it?
멋지네요. 얼마인가요?

translate
[츠랜스레이트]

동 번역하다, 통역하다

Hey, I've read that book too!
어이, 나도 저 책 읽었어!

It's been **translated** into two dozen languages.
24개 언어로 번역되었지.

realistic
[리-얼리스틱]

형 현실적인

Charles Dickens is an incredible writer.
찰스 디킨스는 놀라운 작가야.

His descriptions seem very **realistic**.
그의 묘사는 매우 현실적이지.

MORE VOCA

나라 · 국민

☆ Australia	[어-스츠레일려]	호주
☆ Brazil	[브러질]	브라질
☆ Canada	[캐너더]	캐나다
☆ Chile	[칠리]	칠레
☆ China	[차이너]	중국
☆ Denmark	[덴마-크]	덴마크
☆ Egypt	[이-집트]	이집트
☆ France	[프랜쓰]	프랑스
☆ Germany	[저-머니]	독일
☆ England	[잉글런드]	영국
☆ Greece	[그리-쓰]	그리스
☆ the Netherlands	[더 네더런즈]	네덜란드
☆ India	[인디어]	인도
☆ Indonesia	[인더니-져]	인도네시아
☆ Italy	[이털리]	이탈리아
☆ Japan	[저팬]	일본
☆ Korea	[커리-어]	한국
☆ Malaysia	[멀레이저]	말레이시아
☆ Mexico	[멕시코우]	멕시코
☆ New Zealand	[누- 지일런드]	뉴질랜드
☆ Norway	[너-웨이]	노르웨이
☆ the Philippines	[더 필러피인스]	필리핀
☆ Poland	[포우런드]	폴란드

☆ Portugal	[퍼-츄걸]	포르투갈
☆ Russia	[러시어]	러시아
☆ Saudi Arabia	[사우디 어레이비어]	사우디 아라비아
☆ Spain	[스페인]	스페인
☆ Sweden	[스위-든]	스웨덴
☆ Switzerland	[스위처런드]	스위스
☆ Thailand	[타이랜드]	태국
☆ the United States of America = America	[디 유나이팃 스테이츠 어브 어메리커] [어메리커]	미국
☆ Vietnam	[비-엣나암]	베트남

☆ American	[어메리컨]	미국 사람
☆ Australian	[어-스츠레일련]	호주 사람
☆ Brazilian	[브러질련]	브라질 사람
☆ Canadian	[커네이디언]	캐나다 사람
☆ Chilean	[칠련]	칠레 사람
☆ Chinese	[차이니-즈]	중국 사람
☆ Dane	[데인]	덴마크 사람
☆ Egyptian	[이집션]	이집트 사람
☆ French	[프렌취]	프랑스 사람
☆ German	[저-먼]	독일 사람
☆ Englishman/Englishwoman = British	[잉글리쉬먼 / 잉글리쉬우먼] [브리티쉬]	영국 사람

☆ Greek [그리익] 그리스 사람
☆ Dutchman/Dutchwoman [더취먼 / 더취우먼] 네덜란드 사람
☆ Indian [인디언] 인도 사람
☆ Indonesian [인더니-젼] 인도네시아 사람
☆ Italian [이탤리언] 이탈리아 사람
☆ Japanese [재패니즈] 일본 사람
☆ Korean [커리-언] 한국 사람
☆ Malaysian [멀레이전] 말레이시아 사람
☆ Mexican [멕시컨] 멕시코 사람
☆ New Zealander [누- 지일런더] 뉴질랜드 사람
☆ Norwegian [너-위-젼] 노르웨이 사람
☆ Filipino [필리피-노우] 필리핀 사람
☆ Pole [포울] 폴란드 사람
☆ Portuguese [퍼-츄기-즈] 포루투칼 사람
☆ Russian [러시언] 러시아 사람
☆ Saudi Arabian [사우디 어레이비언] 사우디 아라비아 사람
☆ Spaniard [스패녀드] 스페인 사람
☆ Swede [스위-드] 스웨덴 사람
☆ Swiss [스위스] 스위스 사람
☆ Thai [타이] 태국 사람
☆ Vietnamese [비엣너-미-즈] 베트남 사람

UNIT

06

여가와 오락

LEISURE AND ENTERTAINMENT

play
[플레이]

동 놀다, (경기를) 하다

What sports do you play?
너는 어떤 스포츠를 하니?

I play badminton on the weekend.
주말마다 배드민턴을 해.

event
[이벤트]

명 사건, 행사, 경기

Let's go to the hockey game!
하키 경기 보러 가자!

I don't like crowded sports events.
난 사람 많은 스포츠 경기를 좋아하지 않는데.

game
[게임]

명 경기, 시합

Did you see yesterday's soccer game?
어제 축구 경기 봤어?

I saw the first half.
전반전은 봤어.

match
[매취]

명 경기, 맞수 동 맞먹다

Good luck on your tennis match!
테니스 경기 행운을 빌어!

Thanks. I'm confident I'll do well.
고마워. 잘할 거라는 자신은 있어.

race
[레이쓰]

명 달리기, 경주 동 경쟁하다

Who won the men's race today?
오늘 남자 경주에서 누가 우승했어?

Sorry. I don't pay attention to sports.
미안. 난 스포츠에 관심이 없어.

tournament
[터너먼트]

명 토너먼트

Who's in Saturday's baseball tournament?
토요일 야구 토너먼트에 누가 나오지?

dive
[다이브]

동 다이빙하다

What's the key to diving well?
다이빙을 잘하는 비법이 뭐야?

The key? Practice, practice, practice.
비법? 연습, 연습, 또 연습이지.

swim
[스윔]

동 수영하다

When did you learn to swim?
언제 수영을 배웠니?

I started when I was 7.
7살 때 시작했어.

ride
[라이드]

명 (놀이동산의) 놀이기구 동 타다

What's your favorite ride?
네가 가장 좋아하는 놀이기구는 뭐야?

I like the bumper cars.
나는 범퍼카를 좋아하는데.

gamble
[갬블]

동 도박을 하다

Do you gamble?
도박하니?

Not any more. It's too addictive.
이제 안 하지. 너무 중독성이 심해.

seat
[시잇]

명 좌석 동 앉다, 앉히다

Where are we seated?
어디 앉지?

Row 12, seats 7 and 8.
12열, 7번과 8번 좌석이야.

rank
[랭크]

명 순위, 지위 동 (순위를) 매기다

Who's ranked first in men's tennis?
남자 테니스에서 누가 1등이 됐니?

I think it's Andy Murray.
앤디 머레이 같은데.

02 게임과 스포츠 (2)

able
[에이블]

형 ~할 수 있는

Is your wife able to play golf?
부인은 골프칠 줄 알아?

She is able but she thinks it's boring.
할 줄은 아는데 지루하다고 생각해.

belong
[빌러엉]

동 제자리에 있다, 소속감을 느끼다

You're in great shape.
너는 체격이 좋구나.

Thanks. I belong to a gym in my neighborhood.
고마워. 이웃에 있는 체육관에 다니지.

compete
[컴피–트]

동 경쟁하다, (시합에) 참가하다

You don't compete in badminton. Why?
너는 배드민턴 시합에 참가하지 않네. 왜?

I just play for fun.
그냥 재미로 하는 거야.

enter
[엔터]

동 들어가다, 참가하다

Patrick wants to enter a poker tournament.
패트릭이 포커 토너먼트에 나가고 싶대.

He's a very good player.
그는 아주 좋은 선수지.

lose
[루-즈]

동 잃다, 경기에 지다

I hate to lose.
나는 지기 싫어.

Don't worry about it. It's only a game.
걱정하지 마. 게임일 뿐이야.

mental
[멘틀]

형 정신의

All chess champions have excellent mental abilities.
체스 챔피언들은 모두 뛰어난 정신력을 가지고 있다.

physical
[피지클]

형 육체의

What do you think is the most physical sport?
가장 신체적인 스포츠는 뭐라고 생각하니?

I don't know.
모르겠어.

hobby
[하-비]

명 취미

What are your hobbies?
네 취미는 무엇이니?

Bowling and billiards. I like indoor games.
볼링이랑 당구야. 실내 게임을 좋아해.

member
[멤버]

명 회원, 구성원

How can I become a member?
어떻게 하면 회원이 될 수 있나요?

First, fill out this application form.
우선, 이 지원서를 써 주세요.

competitive
[컴페터티브]

형 경쟁을 하는, 경쟁력 있는

You're very competitive, aren't you?
너는 매우 경쟁심이 강하지, 그렇지 않니?

Sure. I like to win.
물론. 난 이기는 게 좋거든.

rookie
[루키]

명 초보자, 신인 선수

Haley is amazing. And it's only his rookie year.
할리는 대단해. 신인일 뿐인데.

He'll be even better in 4 or 5 years.
4~5년 사이에 더 좋아질 거야.

ban
[밴]

명 금지 동 금하다

If an athlete is using an illegal drug, they should be banned.
운동 선수가 불법 약물을 사용하고 있다면, 금지되어야 한다.

03 행사와 공연

entertain
[엔터테인]

동 접대하다, 즐겁게 해 주다

The band will start soon.
밴드가 곧 시작해.

I'm sure they'll entertain us.
그들이 분명히 우리를 즐겁게 해 줄 거야.

invite
[인바이트]

동 초대하다, 초청하다

What are you doing Friday night?
금요일 밤에 뭐 할 거니?

Jack and I are invited to a dinner and dance.
잭과 나는 저녁 식사와 댄스에 초대받았어.

perform
[퍼퍼엄]

동 공연하다, 연기하다

Who's performing at the Marquee tonight?
오늘 밤 마퀴 클럽에서 누가 공연하니?

A jazz group.
재즈 그룹이야.

play
[플레이]

동 (악기, 음악을) 연주하다

Do you mind if I play some music?
음악을 좀 연주해도 될까요?

No, go ahead.
그럼요, 그러세요.

sing
[싱]

ⓢ 노래하다

I can't sing but I like singing rooms.
노래를 못하지만 노래방을 좋아해.

Can you sing any Korean songs?
한국 노래도 부를 수 있어?

celebration
[쎌리브레이션]

ⓜ 기념행사, 축하하기

Congratulations!
축하해!

Thanks. My parents are planning a celebration.
고마워. 부모님은 기념 행사를 계획하고 계셔.

ceremony
[쎄러모우니]

ⓜ 식, 의식

How was your cousin's wedding?
사촌의 결혼식은 어땠어?

Great! The ceremony was beautiful.
멋졌지! 예식은 아름다웠어.

concert
[카안써트]

ⓜ 연주회, 콘서트

What was your favorite concert?
네가 가장 좋아하는 콘서트는 뭐였니?

Probably Maroon 5. I saw them last year.
마룬 파이브인 것 같아. 작년에 봤지.

exhibition
[엑시비션]

명 전시회

There's a new art **exhibition** at the National Gallery.
국립미술관에서 새 미술 전시회가 있어.

Van Gogh, right? I already saw it.
반 고흐지, 그렇지? 난 이미 봤어.

festival
[페스티블]

명 축제

Do you know Tomatina?
토마티나를 아니?

Sure. It's a tomato **festival** in Spain.
물론이지. 스페인에서 하는 토마토 페스티벌이잖아.

rehearse
[리허얼스]

동 리허설을 하다

What did you do in choir practice?
성가대 연습에서 뭐 했니?

We **rehearsed** for the Christmas concert.
크리스마스 콘서트 리허설을 했어요.

program
[프로우그램]

명 프로그램, 계획 동 프로그램을 짜다

I wonder what movies are in this year's festival.
올해 축제에서 어떤 영화가 할지 궁금해.

I have the **program**.
나한테 프로그램이 있어.

MORE VOCA

공연

☆ guitar	[기타–]	기타
☆ piano	[피애노우]	피아노
☆ violin	[바이얼린]	바이올린
☆ drum	[드럼]	드럼, 북
☆ microphone	[마이크러포운]	마이크
☆ band	[밴드]	밴드, 악단
☆ orchestra	[어–키스츠러]	오케스트라
☆ pop group	[파압 그루웁]	팝 그룹
☆ stage	[스테이쥐]	무대
☆ theater	[씨–어터]	극장
☆ audience	[어–디언쓰]	관중
☆ ballet	[밸레이]	발레
☆ dance	[댄쓰]	무용
☆ play	[플레이]	연극
☆ folk dance	[포욱 댄쓰]	민속 무용, 포크 댄스
☆ music	[뮤–직]	음악
☆ opera	[아–프러]	오페라, 가극
☆ drama	[드라–머]	극, 드라마

☆ movie	[무–비]	영화
= film	[필음]	
= picture(영)	[픽춰]	
☆ actor	[액터]	배우 (남자)
☆ actress	[액츠리스]	여배우
☆ movie director	[무–비 디렉터]	영화 감독
☆ hero	[히로우]	남자 주인공
☆ heroine	[헤로우인]	여자 주인공
☆ documentary movie	[다큐멘터리 무–비]	기록 영화, 다큐멘터리
☆ horror movie	[허–러 무–비]	공포 영화
☆ comedy movie	[카머디 무–비]	코미디 영화
☆ romantic movie	[로우맨틱 무–비]	로맨틱 영화
☆ science fiction movie	[사이언쓰 픽션 무–비]	공상 과학 영화

UNIT

07

여행

TRAVEL

01 여행 (1)

abroad
[어브로-드]

부 해외에, 해외로

I'm going on a trip abroad.
외국으로 여행갈 거야.

Are you going to Canada again?
캐나다에 다시 갈 거니?

arrange
[어레인쥐]

동 마련하다, 정리하다

Did you book a hotel?
호텔 예약했어?

No, I arranged to stay with my brother.
아니, 형이랑 같이 머물 예정이야.

pack
[팩]

동 짐을 꾸리다

What did you pack?
뭘 쌌어?

I packed some clothes and my toothbrush.
옷 몇 벌이랑 칫솔을 쌌어.

passenger
[패신줘]

명 승객

Why are there so many passengers?
승객이 왜 그렇게 많지?

It's a holiday.
휴일이니까.

timetable
[타임테이블]

명 시간표

When does our train leave?
우리 기차가 언제 떠나지?

I'll check the timetable.
시간표를 확인해 볼게.

fly
[플라이]

동 날다, 비행하다

Do you fly often?
비행을 자주 하니?

I fly once or twice a year.
1년에 한두 번은 해.

destination
[데스터네이션]

명 목적지, 도착지

What is your destination please?
목적지가 어디인가요?

San Francisco.
샌프란시스코예요.

arrive
[어라이브]

동 도착하다

When do your parents arrive in Paris?
네 부모님은 언제 파리에 도착하니?

They'll arrive on Sunday morning.
일요일 아침에 도착하실 거야.

land
[랜드]

동 착륙하다

Excuse me? When do we land?
실례합니다? 언제 착륙하나요?

The plane will land in 20 minutes.
20분 후에 착륙합니다.

get
[겟]

동 얻다, 구하다

Are you ready for your trip?
여행 준비했니?

No, I need to get a travel guide.
아니, 여행 가이드를 구해야 해.

look after
[룩 애프터]

~을 돌보다

Who can look after the dogs?
누가 개들을 돌볼 수 있지?

I asked Eugene to look after them.
유진에게 돌봐달라고 했어요.

check
[첵]

동 맡기다, (수화물을) 부치다

How many bags are you checking?
부쳐야 할 짐이 몇 개죠?

These two.
이 두 개예요.

02 여행 (2)

travel
[트래블]

명 여행 동 여행하다

Your sister travels a lot!
네 언니는 여행을 많이 하는구나!

She likes to experience different cultures.
다양한 문화를 경험하는 걸 좋아해.

trip
[츠립]

명 여행

How was your trip, Marcy?
여행은 어땠어, 마시?

Good but it rained a lot.
좋았지만 비가 많이 왔어.

sail
[세일]

동 항해하다

Where does your cruise ship sail?
크루즈가 어디를 항해하니?

Around the Mediterranean.
지중해 주변.

wave
[웨이브]

명 파도 동 손을 흔들다

Wave goodbye to your father.
아빠한테 작별 인사하렴.

Bye Dad! Have a great vacation!
아빠 안녕! 좋은 휴가 보내세요!

private
[프라이버트]

형 사적인, 개인을 위한

Let's stay at this bed and breakfast.
이 민박집에 머물자.

Does it have a private bathroom?
개인 화장실이 있을까?

leave
[리-브]

동 떠나다, 그만두다

Hurry! Our train is about to leave!
서둘러! 기차가 출발하려고 해!

I'm coming! I'm coming!
가고 있어! 가고 있다고!

take off
[테이크 어-프]

이륙하다

Take off makes me nervous.
이륙은 긴장돼.

Relax. It'll be okay.
긴장 풀어. 괜찮을 거야.

visit
[비짓]

명 방문 동 방문하다

Come and visit me sometime.
언젠가 저희 집에 오세요.

I want to but Sydney is so far!
가고 싶지만 시드니는 너무 멀어요!

pass
[패스]

동 통과하다, 지나가다

We need gas.
기름 넣어야 해.

You just passed a gas station.
막 주유소를 지나쳤는데.

catch
[캐취]

명 잡기 동 잡다, 받다

Bob is on the telephone for you.
밥이 전화했는데.

I don't have time! I have to catch the bus!
시간이 없어! 버스를 타야 한다고!

fasten
[패슨]

동 매다, 잠그다

Fasten your seatbelt please.
안전벨트를 매 주세요.

Sure, no problem.
네, 물론이죠.

souvenir
[수-버니어]

명 기념품, 선물

We should buy some souvenirs for the kids.
아이들을 위해 기념품을 좀 사야 해.

I already bought some t-shirts.
난 벌써 티셔츠를 좀 샀는데.

03 여행과 교통수단 (1)

depart
[디파-트]

동 (여행을) 떠나다, 출발하다

When does the flight to Amsterdam depart?
암스테르담으로 가는 비행기가 언제 출발하지?

It's scheduled to depart at 6:40.
6시 40분에 출발한다고 예정되어 있어.

drive
[드라이브]

명 드라이브 동 운전하다

People in this city drive so fast.
이 도시 사람들은 아주 빨리 운전하네.

Yeah, it's a little dangerous.
응, 좀 위험하지.

explore
[익스플러-]

동 탐험하다

Let's explore the city today.
오늘 도시 탐험하자.

Sounds good.
좋은 생각이야.

emigrate
[에미그레이트]

동 (다른 나라로) 이민을 가다

Paul wants to travel to Germany?
폴은 독일로 여행하고 싶대?

No, he wants to emigrate to Germany.
아니, 독일로 이민을 가고 싶대.

immigrate
[이미그레이트]

동 (다른 나라로) 이민을 오다

When did you come to New York?
뉴욕에 언제 오셨나요?

I immigrated here 10 years ago.
10년 전에 이민을 왔습니다.

reserve
[리저-브]

동 예약하다

Did you reserve a hotel room?
호텔 예약했니?

Yes, I reserved a room for 3 nights.
응, 3박으로 방 하나 예약했어.

park
[파-크]

명 공원 동 주차하다

Where can we park?
어디에 주차할 수 있나요?

The parking lot is at the back.
주차장은 뒤쪽에 있습니다.

cancel
[캔슬]

동 취소하다

Honey, I still feel terrible.
여보, 아직도 컨디션이 별로예요.

Okay. I'll cancel our plane tickets.
좋아, 내가 항공권을 취소할게.

reach
[리-취]

동 ~에 이르다, 도달하다

I'm so hungry.
너무 배고파.

We'll eat after we reach the motel.
모텔에 도착하면 먹자.

return
[리터언]

명 귀환 동 돌아오다, 반납하다

Is George still in Cuba?
조지는 아직도 쿠바에 있니?

Yeah, but he'll return on Friday.
응, 그렇지만 금요일에 돌아올 거야.

get off
[겟 어-프]

(차에서) 내리다

Are we getting off here?
여기에서 내려?

Yes. Ring the bell.
응. 벨을 눌러.

toll
[토울]

명 통행료

There's a toll bridge ahead.
앞에 유료 다리야.

How much is the toll?
통행료가 얼마야?

holiday
[하알러데이]

명 휴가 동 휴가를 보내다

Wow! Nice tan!
와! 잘 태웠네!

I spent my holiday on the beach!
휴가를 바닷가에서 보냈거든!

journey
[저–니]

명 (특히 멀리 가는) 여행 동 여행하다

Vancouver to Seoul is a long journey.
밴쿠버에서 서울은 긴 여행이지.

Yes. It takes about 10 hours.
그래. 10시간 정도 걸려.

voyage
[버이쥐]

명 여행, 항해 동 (배로 또는 장거리를) 여행하다

Cruise ships are so relaxing.
크루즈는 아주 편안해.

No way. Sea voyages make me sick.
전혀. 바다 항해는 멀미가 나.

adventure
[애드벤처]

명 모험

I want to go on a real adventure.
진짜 모험을 떠나고 싶어.

How about South America?
남아메리카는 어때?

expedition
[엑스퍼디션]

명 탐험, 원정

Here's a hiking expedition in the Amazon. $4,000.
아마존에 하이킹 원정이 있어. 4,000달러야.

$4,000? No thanks.
4,000달러라고? 사양하겠어.

attraction
[어츠랙션]

명 명소, 명물

What kind of attractions does your city have?
너희 도시에는 어떤 종류의 명소가 있니?

Zoos, museums, waterparks....
동물원이랑 박물관, 워터파크도….

non-smoking
[난-스모우킹]

형 금연의

Would you like a non-smoking room?
금연실을 원하시나요?

Yes, please.
예, 부탁해요.

baggage
[배기쥐]

명 짐

Where do we pick up our baggage?
어디에서 짐을 찾지?

On Level 2 I think.
내 생각에는 2층 같은데.

check in
[첵 인]

체크인하다

I'd like to check in.
체크인하고 싶은데요.

What's your reservation number?
예약번호가 무엇입니까?

check out
[첵 아웃]

체크아웃하다

When do we have to check out?
언제 체크아웃해야 하나요?

Anytime before 11 a.m.
오전 11시 이전이면 언제라도 됩니다.

pull over
[풀 오우버]

차를 갖다대다

Pull the car over. I want to take a picture.
차를 세워 봐. 사진 찍게.

Okay. Just for a minute.
좋아. 잠깐만이야.

fill up
[필 업]

~으로 가득 차다, ~을 가득 채우다

How much gas do we have?
우리 기름 얼마나 있지?

Enough. I filled up last night.
충분해. 지난밤에 가득 채웠어.

MORE VOCA

탈것 · 여행

☆ bicycle	[바이시클]	자전거
☆ motorcycle	[모우터사이클]	오토바이
☆ bus	[버스]	버스
☆ car	[카-]	승용차, 차
☆ taxi	[택시]	택시
☆ truck	[츠럭]	트럭
☆ train	[츠레인]	기차, 열차
☆ canoe	[커누-]	카누
☆ boat	[보웃]	보트, (작은) 배
☆ ferry	[페리]	연락선, 페리
☆ ship	[쉽]	배
☆ helicopter	[헬리카압터]	헬리콥터
☆ airplane	[에어플레인]	비행기
☆ spaceship	[스페이쓰쉽]	우주선

☆ travelling	[츠래벌링]	여행
☆ tour	[투어]	여행
☆ tourist	[투어리슷]	관광객
☆ baggage	[배기쥐]	수화물(미)
☆ luggage	[러기쥐]	수화물(영)
☆ suitcase	[수웃케이스]	여행 가방
☆ map	[맵]	지도
☆ agent	[에이전트]	대리점, 대리인

☆	pedestrian	[퍼데스츠리언]	보행자
☆	motor	[모우터]	자동차, 승용차
☆	driver's license	[드라이버스 라이쓴스]	운전면허증

☆	route	[루-트]	길, 노선
☆	train station	[츠레인 스테이션]	기차역(미)
☆	railway station	[레일웨이 스테이션]	기차역(영)
☆	platform	[플랫퍼옴]	플랫폼
☆	fare	[페어]	(교통) 요금
☆	airport	[에어퍼-트]	공항
☆	ticket	[티킷]	표, 승차권
☆	pilot	[파일럿]	조종사, 비행사
☆	captain	[캡틴]	선장, 기장
☆	crew	[크루-]	(배, 비행기, 기차) 승무원
☆	stewardess	[스튜-어디스]	여자 승무원, 스튜어디스
☆	steward	[스튜-어드]	남자 승무원, 스튜어드
☆	first class	[퍼-슷 클래스]	일등석
☆	business class	[비즈니스 클래스]	비즈니스석
☆	economy class	[이카-너미 클래스]	일반석

UNIT

08

날씨와 시간

WEATHER AND TIME

01 날씨

fine
[파인]

형 좋은, 맑은

It's a fine day!
날씨 좋다!

Let's go for a walk.
산책 가자.

fresh
[프레쉬]

형 신선한

The fall air feels so fresh.
가을 공기가 아주 신선해.

Autumn is my favorite season.
가을은 내가 가장 좋아하는 계절이야.

warm
[워엄]

형 따뜻한 동 따뜻하게 하다

It's November but it's warm!
11월이지만 따뜻하네!

Maybe it's global warming.
아마 지구온난화인가 봐.

hot
[하앗]

형 뜨거운, 더운

I'm dying! It's too hot outside!
죽을 것 같아! 밖은 너무 덥다!

Come in and turn on the fan.
들어와서 선풍기를 켜.

cold
[코울드]

형 차가운, 추운

Do you like cold weather?
추운 날씨 좋아하니?

Not really but I like winter sports.
별로, 하지만 겨울 스포츠는 좋아해.

cool
[쿨]

형 시원한, 서늘한

Tomorrow is supposed to be cool.
내일은 서늘해질거래.

I'll wear a jacket then.
그러면 재킷을 입어야겠다.

damp
[댐프]

명 축축한 상태 형 축축한, 눅눅한

Do you want to play golf?
골프하고 싶니?

No, the ground is too damp today.
아니, 오늘 땅이 너무 축축해.

dry
[드라이]

형 건조한, 마른

Daegu is very dry in the summer.
대구는 여름에 매우 건조해.

It's not close to the ocean.
바다와 가깝지 않으니까.

wet
[웻]

형 젖은 동 적시다

I'm going to work now.
이제 일하러 갈게.

Bring your umbrella. It's wet and rainy out.
우산 가져가. 밖은 젖고 비가 와.

humid
[휴–밋]

형 습한

It's so humid today!
오늘 아주 습하구나!

Look at my t-shirt. It's totally wet.
내 티셔츠 좀 봐. 완전히 젖었어.

freezing
[프리–징]

형 꽁꽁 얼게 추운

What's wrong? Your face is blue.
무슨 일이야? 네 얼굴이 파래.

It's freezing outside!
밖이 엄청 추워!

breeze
[브리–즈]

명 산들바람

There's a cool breeze coming from the lake.
호수에서 시원한 산들바람이 불어오는데.

I know. It feels nice.
알아. 좋은데.

nature
[네이처]

명 자연

How is living in the country?
그 나라에서 생활은 어때?

I love it! I'm surrounded by nature.
아주 좋아! 자연에 둘러싸여 있지.

scenery
[씨-너리]

명 경치

This scenery is amazing!
이 경치는 굉장하구나!

I love the mountains in spring.
난 봄날의 산을 아주 좋아하지.

shine
[샤인]

동 빛나다

The sun is shining in my eyes.
햇빛이 눈부셔.

Put on your sunglasses.
선글라스를 껴.

rain
[레인]

명 비 동 비가 오다

Does it rain much where you live?
네가 사는 곳에 비가 많이 오니?

It rains a lot in the fall.
가을에 비가 많이 와.

snow
[스노우]

명 눈 동 눈이 오다

The snow is so beautiful on the trees.
나무 위에 눈이 너무 아름답다.

I only like snow at Christmas.
난 크리스마스 때만 눈을 좋아해.

view
[뷰-]

명 경관; 관점 동 (세심히) 보다

Where can I take some photographs?
어디에서 사진을 찍을까요?

The view from Cape Hill is pretty.
케이프 힐에서 보는 경치가 예쁘죠.

blow
[블로우]

동 불다

The wind is blowing hard.
바람이 세게 부는데.

And the ocean waves are strong today.
그리고 오늘은 파도도 거세.

begin
[비긴]

동 시작하다

The fireworks will begin any minute.
불꽃놀이가 곧 시작할 거야.

The weather is perfect too.
날씨도 완벽하네.

end
[엔드]

명 끝, 종료 동 끝나다

I hope this sunset never ends.
이 일몰이 끝나지 않았으면 좋겠어.

The colors are so vibrant!
색이 매우 강렬하네!

get
[겟]

동 ~되다, ~이 되다

The grass is getting dry and brown.
풀이 말라서 갈색으로 변하고 있어.

We haven't had rain for a month.
한 달 동안이나 비가 안 왔으니까.

clear
[클리어]

형 맑은

The sky is so clear tonight.
오늘 밤은 하늘이 참 맑은데.

I could stare at the stars for hours.
몇 시간 동안 별을 쳐다볼 수 있어.

horizon
[허라이즌]

명 수평선, 지평선

What's that on the horizon?
지평선에 저거 뭐니?

It looks like a storm is coming.
폭풍이 오는 거 같은데.

03 시간에 대한 대화

afford
[어퍼–드]

동 여유가 되다

I can't afford to miss this interview.
이 면접을 놓칠 수 없어.

I know. You need this job.
알아. 너는 이 일이 필요하니까.

early
[어얼리]

형 이른 부 일찍

The movie starts at 9 p.m.
영화는 오후 9시에 시작해.

We should leave early.
일찍 출발해야 해야지.

late
[레이트]

형 늦은 부 늦게

Don't be late for school.
학교에 늦지 마.

I won't.
안 그럴게요.

immediate
[이미–디어트]

형 즉각적인

Stop that immediately!
당장 그만 둬!

Sorry Mom.
죄송해요 엄마.

in a hurry
[인 어 허리]

서둘러

Hey Lisa. Let's get a coffee.
안녕 리사. 커피 마시자.

Sorry, I'm in a hurry. I'll call you later.
미안, 급해서. 나중에 전화할게.

long
[러엉]

형 긴 부 오래, 오랫동안

There's a long wait for this ride.
이걸 타려고 오래 기다렸어.

It's a popular rollercoaster.
인기 있는 롤러코스터네.

on time
[언 타임]

시간을 어기지 않고, 정각에

Please be on time for the meeting.
회의에 늦지 않게 오세요.

No problem.
문제 없습니다.

spend
[스펜드]

동 (돈을) 쓰다, (시간을) 들이다

How do you spend your free time?
자유 시간을 어떻게 보내세요?

I read a lot.
독서를 많이 하죠.

waste
[웨이스트]

동 낭비하다

Don't waste your time watching TV.
TV 보느라 시간을 낭비하지 마.

It's a documentary.
이건 다큐멘터리야.

take
[테이크]

동 (시간이) 걸리다

Hurry up! We have to meet Cindy at 5 o'clock!
서둘러! 5시에 신디를 만나야 해.

It takes 30 minutes to go there.
거기까지 가는 데 30분 밖에 안 걸려.

noon
[누운]

명 정오, 한낮

Do you want your lunch now?
지금 점심 먹을래?

I'll wait until noon.
정오까지 기다릴 거야.

midnight
[밋나잇]

명 자정, 한밤중

When did you go to bed last night?
지난밤에 언제 자러 갔니?

Sometime after midnight.
자정이 넘은 언제.

after
[애프터]

전 (시간, 순서상) ~뒤에

Let's get a drink after the concert.
콘서트 후에 한잔 하자.

Sounds good.
좋아.

again
[어겐]

부 다시

Didn't you already read that book?
벌써 그 책 다 읽은 거 아니야?

Yeah, but I want to read it again.
응, 하지만 다시 읽고 싶어서.

ago
[어고우]

부 (얼마의 시간) 전에

When was the last time you had cheesecake?
마지막으로 치즈케이크를 먹은 게 언제야?

A few days ago.
며칠 전에.

already
[어얼레디]

부 벌써, 이미

I should pay the electricity bill.
전자화폐로 지불해야 해.

I already paid it.
난 이미 지불했어.

always
[어얼웨이즈]

부 항상, 언제나

Are you okay?
괜찮아?

Yes. I always cry at sad movies.
응. 슬픈 영화를 보면 항상 울어.

as soon as
[애즈 수운 애즈]

~하자마자

Do you want to play a game?
게임하고 싶어?

I will as soon as I wash the dishes.
설거지를 끝내자마자 할 거야.

before
[비퍼–]

전 (시간상으로) ~전에 부 진작, 전에
접 ~하기 전에

When did you get a haircut?
언제 머리카락을 잘랐어?

Before my date with Jessica.
제시카랑 데이트하기 전에.

during
[듀링]

전 ~동안

He kissed you during the movie?
영화 도중에 그가 너한테 키스했다고?

Yeah. I was a little embarrassed.
응. 좀 당황했어.

every
[에브리]

형 매~, ~마다

How often do you exercise?
얼마나 자주 운동하니?

Every Tuesday and Thursday.
매주 화요일과 목요일에.

forever
[퍼에버]

부 영원히

Are you moving back to America?
미국으로 돌아가실 건가요?

No, I'll live in Asia **forever**.
아니요, 아시아에서 영원히 살 거예요.

once
[원쓰]

부 한 번

How many times have you been to Kyungju?
경주에 몇 번 가 봤니?

Only **once**.
딱 한 번.

twice
[트와이쓰]

부 두 번

I saw your mother **twice** this week.
이번 주에 네 어머니를 두 번 봤어.

That's more than I see her!
나보다 더 많네!

generally
[제너럴리]

부 일반적으로, 대부분의 사람들이

Tomorrow is Halloween.
내일은 핼러윈이야.

I generally don't celebrate Halloween.
나는 보통 핼러윈을 기념하지 않아.

just
[저슷]

부 이제 막; 좀

Fred, come quick!
프레드, 빨리 와!

Just a minute! I'm in the shower!
잠깐만! 샤워 중이야!

lately
[레이틀리]

부 최근에

I haven't been well lately.
최근 건강이 좋지 않아.

I'm sorry to hear that.
유감이구나.

meanwhile
[미인와일]

부 그 동안에

Nicole was at McDonalds ...and meanwhile Amy was at Burger King? That's funny.
니콜은 맥도널드에 있었고…그리고 그 동안 에이미는 버거킹에 있었다고? 재미있네.

never
[네버]

㊕ 결코 ~않다

I never go to clubs any more.
다시는 클럽에 가지 않을 거야.

I don't either. They're loud and expensive.
나도 안 가. 시끄럽고 비싸거든.

now
[나우]

㊕ 지금, 이제

We have to leave now.
지금 출발해야 해.

Already? Okay, have a great night!
벌써? 알았어, 좋은 밤 보내!

nowadays
[나우어데이즈]

㊕ 요즘에는

What are you doing nowadays?
요즘 뭐하고 지내?

Actually, I started a dance class last week.
사실, 지난주부터 댄스 수업을 시작했어.

often
[어-픈]

㊕ 자주

How often do you visit your relatives?
너는 얼마나 자주 친척을 방문하니?

A few times a year.
일 년에 몇 번.

recently
[리–쓴틀리]

부 최근에

I've been having strange dreams **recently**.
최근 이상한 꿈을 꿔.

Dreams about what?
무엇에 관한 꿈인데?

since
[신쓰]

전 ~부터, ~이후

How long have you been in South Korea?
한국에 얼마나 오래 있었나요?

I've been here **since** March.
3월부터 이곳에 있었지요.

annual
[애뉴얼]

형 매년의, 연간의

What's your favorite **annual** celebration?
좋아하는 연간 행사는 뭐니?

I guess it's Christmas.
크리스마스인 것 같아.

regularly
[레규얼러리]

부 정기적으로, 자주

Are you still going to the dentist?
아직 치과에 가?

Sure, I go **regularly**.
응, 정기적으로 가지.

06 시간과 빈도 (3)

sometimes
[섬타임즈]

㈜ 때때로, 가끔

What do you do with your friends?
친구들이랑 뭘 하니?

Sometimes we go bowling.
가끔 볼링 치러 가.

soon
[수운]

㈜ 곧

When are you coming home?
언제 집에 올 거야?

I'll be home soon.
곧 집에 갈 거예요.

still
[스틸]

㈜ 아직

Are you still sleeping?
아직 자고 있니?

Yeah, I'm really tired today.
응, 오늘 정말 피곤하다.

then
[덴]

㈜ 그때, 그 다음에

The police ran towards the bank.
경찰이 은행 쪽으로 뛰어갔어.

And then what happened?
그 다음에 무슨 일이 일어났어?

until
[언틸]

전/접 ~까지

Can we take a break?
우리 좀 쉴래?

Let's continue working until 8.
8시까지 계속 일하자.

used to
[유-슷 투]

조 ~하곤 했다

I used to live in Shanghai.
상하이에 살았었어.

Wow, what about Shanghai?
와우, 상하이 어땠어?

usually
[유-주얼리]

부 대개, 보통

I don't usually go on blind dates.
나는 별로 소개팅에 가지 않아.

Go on. Take a chance!
해 봐. 기회를 잡으라고!

when
[웬]

부 언제 접 ~할 때

I usually drink coffee when it rains.
비가 오면 보통 커피를 마시지.

Does it cheer you up?
그게 기운이 나니?

while
[와일]

접 ~하는 동안

Try this cheesecake. It's delicious.
이 치즈케이크 좀 먹어봐. 맛있어.

I'll have some while I watch the news.
뉴스 보면서 좀 먹을게.

yet
[옛]

부 아직(부정문이나 의문문에서 쓰임)

Can I see your drawing?
네 그림 좀 봐도 될까?

No. I didn't finish it yet.
안 돼. 아직 완성하지 않았어.

almost
[어얼모우슷]

부 거의

Mom said I could use the computer.
엄마가 나 컴퓨터 해도 된대.

Just wait. I'm almost finished.
잠깐만. 거의 끝나가.

minute
[미니트]

명 (시간 단위의) 분, 잠깐

I'll be at Leon's place in 20 minutes.
20분 있다가 레온네 갈 거야.

Okay, I'll see you there.
알았어, 거기서 보자.

MORE VOCA

날씨와 시간

☆ climate	[클라이머트]	기후
☆ temperature	[템프러춰]	기온
☆ sun	[선]	해, 태양
☆ cloud	[클라웃]	구름
☆ wind	[윈드]	바람
☆ breeze	[브리-즈]	산들바람
☆ fog	[퍼억]	안개
☆ snow	[스노우]	눈
☆ ice	[아이쓰]	얼음
☆ rain	[레인]	비
☆ shower	[샤우어]	소나기
☆ rainy season	[레이니 시-즌]	장마철
☆ storm	[스터엄]	폭풍
☆ typhoon	[타이푸운]	태풍
☆ flood	[플럿]	홍수
☆ lightning	[라잇닝]	번개
☆ hail	[헤일]	우박
☆ heavy rain	[헤비 레인]	폭우
☆ drought	[드라웃]	가뭄
☆ yellow dust	[옐로우 더슷]	황사
☆ heat wave	[히잇 웨이브]	장기간의 혹서
☆ earthquake	[어-쓰퀘이크]	지진

☆ a.m.	[에이엠]	오전
☆ p.m.	[피-엠]	오후
☆ o'clock	[어클라악]	정각
☆ second	[세컨드]	초
☆ moment	[모우먼트]	순간
☆ minute	[미니트]	분
☆ quarter of an hour	[쿼-터 어브 언 아워]	15분
☆ half an hour	[하프 언 아워]	30분
☆ three-quarters of an hour	[쓰리-쿼-터 어브 언 아워]	45분
☆ an hour	[언 아워]	1시간
☆ a day	[어 데이]	하루
☆ a week	[어 위익]	일주일
☆ weekend	[위-켄드]	주말
☆ a fortnight	[어 퍼-나잇]	2주일
☆ a month	[어 먼쓰]	한 달
☆ a year	[어 이어]	1년
☆ a decade	[어 디케이드]	10년
☆ a century	[어 쎈처리]	1세기
☆ the past	[더 패슷]	과거
☆ the present	[더 프레즌트]	현재
☆ the future	[더 퓨-처]	미래

☆	in the morning	[인 더 머-닝]	아침에
☆	at midday	[앳 밋데이]	정오에
☆	lunchtime	[런취타임]	점심 시간
☆	in the afternoon	[인 디 애프터누운]	오후에
☆	in the evening	[인 디 이브닝]	저녁에
☆	at night	[앳 나잇]	밤에
☆	at midnight	[앳 밋나잇]	자정에
☆	last week	[래슷 위익]	지난주
☆	yesterday	[예스터데이]	어제
☆	today	[터데이]	오늘
☆	tonight	[터나잇]	오늘 밤에
☆	tomorrow	[터마-로우]	내일
☆	the day after tomorrow	[더 데이 애프터 터마-로우]	모레
☆	next week	[넥슷 위익]	다음 주

UNIT

09

크기와 모양

SIZE AND SPACE

high
[하이]

형 높은

That new skyscraper is really high!
이 새 고층 건물은 진짜 높네!

It's going to be 110 stories.
110층이 될 거래.

low
[로우]

형 낮은

Do you like this kitchen table?
이 식탁 좋아?

No, it's too low for me.
아니, 나한테 너무 낮아.

deep
[디입]

형 깊은

Be careful in the lake.
호수 안에서 조심해.

I know. The water is really deep.
알아. 물이 진짜 깊어.

shallow
[셸로우]

형 얕은

I can't swim very well.
나는 수영을 잘 못해.

We'll play in the shallow water.
우리는 낮은 물에서 수영할 거야.

far
[파-]

형 (거리가) 먼

How far is your apartment from here?
네 아파트는 여기서 얼마나 머니?

Mmm...it's about 20 kilometers.
음…20㎞쯤 돼.

near
[니어]

형 가까운

Where can I get some cold medicine?
감기약을 어디에서 살 수 있나요?

There's a pharmacy near my house.
우리 집 근처에 약국이 있어요.

wide
[와이드]

형 넓은

Seoul has a lot of wide streets.
서울에는 넓은 도로가 많네요.

Because there's a lot of traffic.
차가 많으니까요.

narrow
[내로우]

형 좁은

Drive slowly on this street.
이 도로에서는 천천히 운전해.

Yeah, it's very narrow.
응, 길이 좁으니까.

02 크기와 모양

big
[빅]

형 큰

Canada's a big country, right?
캐나다는 큰 나라지, 그렇지?

Yes, it takes 6 hours to fly from west to east.
응, 서부에서 동부까지 비행기로 6시간 걸려.

small
[스머얼]

형 작은

Why do you buy small cars?
너는 왜 작은 차를 사니?

Many small cars use less gas.
작은 차들은 휘발유를 덜 쓰잖아.

thin
[씬]

형 마른, 야윈

This bamboo forest is great!
이 대나무 숲은 훌륭하네!

And the trees are so thin!
그리고 나무가 정말 가늘어!

long
[러엉]

형 긴

Your uncle has a long driveway.
너네 삼촌 집은 진입로가 길지.

His house is far from the street.
집이 도로에서 멀리 떨어져 있거든.

short
[셔-트]

형 짧은

Dogs with short legs are cute.
다리 짧은 개들이 귀여워.

Hey! I have short legs too!
그래! 나도 다리 짧은 개가 있어!

round
[라운드]

형 둥근

The Earth is round, not flat.
지구는 둥글지, 평평한 게 아니라.

Do you think I'm stupid?
내가 바보라고 생각하는 거야?

square
[스퀘어]

형 정사각형의

Why is Fisher Stadium so unique?
피셔 경기장은 왜 그렇게 독특한 거야?

All the sides are square.
모든 면이 사각형이래.

flat
[플랫]

형 평평한

Something is wrong with this table.
이 탁자는 뭔가 잘못 됐는데.

I know. It isn't flat.
알아. 평평하지 않아.

03 양과 정도 (1)

about
[어바웃]

부 약, ~쯤

Do you have any money?
돈 좀 있니?

I have about 7 dollars.
7달러 정도 있어.

all
[어얼]

형 모든

What ice cream do you like?
너는 어떤 아이스크림을 좋아하니?

Vanilla, blueberry, mint. I like all the flavors.
바닐라, 블루베리, 민트야. 난 모든 맛을 좋아해.

almost
[어얼모우슷]

부 거의

Mom! Are we almost there?
엄마! 우리 거의 다 왔어요?

Yes, we're almost at the park.
그래, 공원에 거의 도착했어.

another
[어너더]

대 또 하나

Let's watch Star Wars.
스타워즈를 보자.

Again? Let's watch another movie.
또? 다른 영화 보자.

any
[에니]

형 어떤, 어느

Can we make French toast today?
오늘 프렌치 토스트 만들까?

Sorry. I don't have **any** eggs.
미안. 달걀이 없어.

bit
[비트]

명 조각, 부스러기; 약간, 조금

That dessert looks delicious.
저 디저트 맛있어 보인다.

Try **a bit** if you're hungry.
배고프면 한 입 먹어 봐.

both
[보우쓰]

형 둘 다

What do you prefer, red or white wine?
레드 와인이랑 화이트 와인 중 뭐가 더 좋아?

I like **both**.
둘 다 좋아.

each
[이–취]

형 각각

We have plain bagels and raisin bagels.
플레인 베이글과 건포도 베이글이 있습니다.

I'll take one of **each**.
하나씩 할게요.

either
[이-더]

형 (둘 중) 어느 한 편

You can either call him or email him.
그에게 전화하거나 이메일을 보내도 돼.

I'll call him.
전화할게.

neither
[니-더]

형 (둘 중) 어느 것도 ~아니다

Do you want a coffee? Tea?
커피 줄까? 차 줄까?

Neither.
둘 다 됐어.

positively
[파-저티블리]

부 분명히, 좋게

Do you still want to go snowboarding?
아직 스노우보드 타러 가고 싶니?

Positively!
그럼!

sure
[슈어]

형 확신하는 부 그럼

Are you sure you can lend me $50?
나한테 확실히 50달러 빌려 줄 수 있어?

I'm 100% sure.
100% 확실해.

enough
[이너프]

형 충분한

More beer?
맥주 더 줄까?

No thanks. I've had enough.
괜찮아. 많이 마셨어.

entire
[인타이어]

형 전체의

Did Terence see the entire performance?
테렌스는 공연 전체를 봤니?

No, he had to leave early.
아니, 일찍 자리를 떠야 했어.

extra
[엑스츠러]

형 여분의

Do you have an extra pillow?
베게 더 있니?

Sure. Here you go.
물론이지. 여기 있어.

few
[퓨-]

형 거의 없는(부정)

There are few women in my family.
우리 가족에는 여자가 거의 없어.

Really? I have eight aunts.
정말? 나는 이모 고모가 8명인데.

a few
[어 퓨-]

어느 정도, 조금

Do you have a hammer?
망치 있어?

I have a few. Do you want to borrow one?
몇 개 있어. 하나 빌려 줄까?

group
[그루웁]

명 집단, 모임

How many people are in your group?
너희 그룹에는 몇 명 있니?

There are eleven.
11명이야.

hardly
[하-들리]

부 거의 ~아니다

I hardly have any money.
나는 돈이 거의 없어.

I can lend you some.
내가 좀 빌려 줄게.

less
[레스]

대 더 적은 것 형 더 적은 부 더 적게

I have less hair than last year.
작년보다 머리숱이 적어.

Yeah, you're getting older.
그래, 나이가 더 들었으니까.

a little
[어 리틀]

적은

Do we need milk?
우유 필요할까?

Yes. We only have a little milk at home.
응. 집에 우유가 조금밖에 없어.

a lot of
[어 랏 어브]

많은

Olivia has a lot of old stamps.
올리비아에게는 오래된 우표가 많아.

She collects them.
우표를 수집하니까.

perfect
[퍼-픽트]

형 완벽한 동 완벽하게 하다

This is perfect weather for a canoe trip.
카누 여행에 완벽한 날씨야.

We got lucky.
우리 운이 좋은데.

ultimate
[얼티머트]

형 궁극적인, 최후의

What's your ultimate vacation destination?
네 휴가 최종 도착지는 어디니?

Either Greece or Alaska.
그리스나 알래스카.

05 양과 정도 (3)

many
[메니]

형 많은(셀 수 있는 명사 앞)

Many people think that aliens are real.
많은 사람들이 외계인은 진짜라고 생각해.

What's your opinion?
네 의견은 어떤데?

more
[머-]

명/형 더 많은 양[수] 부 더 많이

This school needs more teachers.
이 학교는 더 많은 교사가 필요해요.

I agree. The classes are too big.
동의해요. 학급이 너무 커요.

most
[모우슷]

형 대부분

Most of my friends are musicians.
내 친구 대부분이 음악가야.

That's cool.
멋지네.

much
[머취]

명/형 많은 (셀 수 없는 명사 앞)

It's snowing again!
눈이 또 오고 있어!

There's too much snow this year.
올해 눈이 너무 많이 오지.

none
[넌]

㈹ 아무도 ~않다, 하나도 ~없다

None of your coworkers like sushi?
네 동료들은 아무도 초밥을 좋아하지 않니?

No, so sometimes I eat it alone.
안 좋아해. 그래서 가끔 나 혼자 먹어.

only
[오운리]

㊞/㊒ 오직

Batman is the only hero I like.
배트맨은 내가 좋아하는 유일한 영웅이야.

I only like Wolverine.
난 울버린만 좋아해.

other
[어더]

㈹ 다른 것 ㊞ 다른

Where does your other cousin live?
네 다른 사촌은 어디 사니?

She lives in Daejeon.
대전에 살아.

part
[파-트]

㊔ 일부, 부분

Where's my sandwich?
내 샌드위치 어디 있니?

I gave part of it to the dog.
개한테 조금 줬는데.

piece
[피–쓰]

명 부분, 조각

Dana ate nine pieces of pizza.
데이나가 피자를 9조각이나 먹었어.

She must be so full.
정말 배부르겠구나.

plenty
[플렌티]

명 풍요로움 부 많이

Did you use the car today?
오늘 차 썼니?

Yeah, but there's plenty of gas in it.
응, 하지만 휘발유는 많이 있어.

simply
[심플리]

부 그냥, 그야말로

This is simply the ugliest car I've ever seen.
이것은 내가 본 것 중에 그야말로 가장 보기 싫은 자동차야.

truly
[츠루–리]

부 정말로

You are truly a kind person.
넌 정말로 친절한 사람이야.

Wow. Thank you very much.
와우. 고마워.

quite
[콰이트]

부 꽤, 상당히

There are quite a lot of children here.
여기 아이들이 꽤 많이 있네.

It's the first day of school.
학교 첫 날이거든.

the rest
[더 레슷]

나머지

Look at all the extra food!
남은 음식들 좀 봐!

We can donate the rest to charity.
자선단체에 나머지를 기부하면 돼.

several
[세브럴]

형 몇몇의

I bought several presents yesterday.
어제 선물을 좀 샀어.

For your family or for you?
가족 거야 아니면 네 거야?

so
[소우]

부 그렇게, 너무나 접 그래서

That movie had so many good actors.
저 영화에는 좋은 배우들이 아주 많네.

Which is your favorite?
누가 가장 좋아?

some
[섬]

형 조금

Some of these shirts are damaged.
이 셔츠들은 흠집이 좀 있네.

Ask for a discount.
깎아달라고 해 봐.

together
[터게더]

부 함께

Are Justin and Taylor still **together**?
저스틴이랑 테일러는 여전히 같이 있니?

Yes, they're still dating.
응, 아직 사귀고 있어.

too
[투–]

부 너무

This bar is **too** crowded.
이 바는 너무 사람이 많네.

Do you want to go?
가고 싶어?

very
[베리]

부 매우

Your necklace is lovely!
네 목걸이 예쁘다!

It was **very** expensive.
아주 비싼 거야.

well
[웰]

㊉ 잘, 좋게

I'm nervous about my exams.
시험이 걱정 돼.

I'm sure you'll do well.
너는 틀림없이 잘할 거야.

whole
[호울]

㊌ 전체의

Mom cleaned the whole house by herself.
엄마가 혼자 집 전체를 청소했어.

She's my hero.
엄마는 내 영웅이지.

better
[베터]

㊌ 더 좋은

This is better than my grandma's soup.
할머니 수프보다 더 좋은데.

Have some more then.
그럼 더 먹으렴.

worse
[워-스]

㊌ 더 나쁜

Do you think I'm funny?
내가 재미있다고 생각하니?

Your jokes are worse than food poisoning.
네 농담은 식중독보다 나빠.

MORE VOCA

숫자, 계량, 요일, 시간

Numbers [넘버스] 숫자

☆ zero	[지어로우]	0. 영
☆ one	[원]	1. 일
☆ two	[투-]	2. 이
☆ three	[쓰리-]	3. 삼
☆ four	[퍼-]	4. 사
☆ five	[파이브]	5. 오
☆ six	[식스]	6. 육
☆ seven	[세븐]	7. 칠
☆ eight	[에잇]	8. 팔
☆ nine	[나인]	9. 구
☆ ten	[텐]	10. 십
☆ eleven	[일레븐]	11. 십일
☆ twelve	[트웰브]	12. 십이
☆ thirteen	[써-티인]	13. 십삼
☆ fourteen	[퍼-티인]	14. 십사
☆ fifteen	[핍티인]	15. 십오
☆ sixteen	[식스티인]	16. 십육
☆ seventeen	[세븐티인]	17. 십칠
☆ eighteen	[에이티인]	18. 십팔
☆ nineteen	[나인티인]	19. 십구
☆ twenty	[트웬티]	20. 이십
☆ twenty-one	[트웬티원]	21. 이십일

☆ thirty [써–티] 30, 삼십
☆ forty [퍼–티] 40, 사십
☆ fifty [핍티] 50, 오십
☆ sixty [식스티] 60, 육십
☆ seventy [세븐티] 70, 칠십
☆ eighty [에이티] 80, 팔십
☆ ninety [나인티] 90, 구십
☆ hundred [헌드렛] 100, 백
☆ thousand [싸우전드] 1,000, 천
☆ million [밀련] 1,000,000, 백만

☆ nought [너엇] 0, 영
☆ the first [더 퍼–슷] 첫 번째의
☆ the second [더 세컨드] 두 번째의
☆ the third [더 써–드] 세 번째의
☆ the fourth [더 퍼–쓰] 네 번째의
☆ the fifth [더 핍쓰] 다섯 번째의
☆ the sixth [더 식스쓰] 여섯 번째의
☆ the seventh [더 세븐쓰] 일곱 번째의
☆ the eighth [디 에잇쓰] 여덟 번째의
☆ the ninth [더 나인쓰] 아홉 번째의
☆ the tenth [더 텐쓰] 열 번째의
☆ the eleventh [디 일레븐쓰] 열한 번째의
☆ the twelfth [더 트웰프쓰] 열두 번째의

☆ the thirteenth	[더 써–티인쓰]	열세 번째의
☆ the fourteenth	[더 퍼–티인쓰]	열네 번째의
☆ the fifteenth	[더 핍티인쓰]	열다섯 번째의
☆ the sixteenth	[더 식스티인쓰]	열여섯 번째의
☆ the seventeenth	[더 세븐티인쓰]	열일곱 번째의
☆ the eighteenth	[디 에이티인쓰]	열여덟 번째의
☆ the nineteenth	[더 나인티인쓰]	열아홉 번째의
☆ the twentieth	[더 트웬티어쓰]	스무 번째의
☆ the twenty first	[더 트웬티 퍼–슷]	스물한 번째의
☆ the thirtieth	[더 써–티어쓰]	서른 번째의
☆ the fortieth	[더 퍼–티어쓰]	마흔 번째의
☆ the fiftieth	[더 핍티어쓰]	쉰 번째의
☆ the sixtieth	[더 식스티어쓰]	예순 번째의
☆ the seventieth	[더 세븐티어쓰]	일흔 번째의
☆ the eightieth	[디 에이티어쓰]	여든 번째의
☆ the ninetieth	[더 나인티어쓰]	아흔 번째의
☆ the hundredth	[더 헌드렛쓰]	백 번째의
☆ the thousandth	[더 싸우전드쓰]	천 번째의
☆ the millionth	[더 밀련쓰]	백만 번째의
☆ a quarter (1/4)	[어 쿼–터]	4분의 일
☆ a half (1/2)	[어 해프]	2분의 일, 절반
☆ three quarters (3/4)	[쓰리– 쿼–터스]	4분의 3
☆ dozen	[더즌]	다스(12개짜리 한 묶음)

Measurement [메저먼트] 계량

☆ distance	[디스턴쓰]	거리
· centimeter	[쎈터미-터]	센티미터
· meter	[미-터]	미터
· kilometer	[킬로미-터]	킬로미터
· inch	[인취]	인치
· foot/feet	[풋/피잇]	피트
· yard	[야-드]	야드(3피트, 36인치, 0.914미터)
· mile	[마일]	마일(1,609미터)
☆ weight	[웨잇]	무게
· centigram	[쎈티그램]	센티그램(100분의 1그램)
· gram	[그램]	그램
· kilogram	[킬로그램]	킬로그램
· ounce	[아운쓰]	온스(28.35그램, 1/6파운드)
· pound	[파운드]	파운드(16온스, 약 453그램)
· stone	[스토운]	스톤(6.35킬로그램, 14파운드)
· ton	[턴]	톤
☆ volume	[바알류움]	양
· liter	[리-터]	리터
· gallon	[갤런]	갤런
· pint	[파인트]	파인트

Money [머니] 돈

☆ cent	[센트]	센트
☆ nickel	[니클]	니켈, 5센트
☆ dime	[다임]	다임, 10센트
☆ quarter	[쿼-터]	쿼터, 25센트
☆ dollar	[달러]	달러
☆ coin	[커인]	동전
☆ note	[노웃]	지폐

Days of the week [데이즈 어브 더 위익] 요일

☆ Monday	[먼데이]	월요일
☆ Tuesday	[튜-즈데이]	화요일
☆ Wednesday	[웬즈데이]	수요일
☆ Thursday	[써-즈데이]	목요일
☆ Friday	[프라이데이]	금요일
☆ Saturday	[새터데이]	토요일
☆ Sunday	[선데이]	일요일

Day and night [데이 앤드 나잇] 낮과 밤

☆ dark	[다–크]	어둠, 밤
☆ dawn	[더언]	새벽
☆ day	[데이]	낮
☆ daytime	[데이타임]	낮, 주간
☆ dusk	[더슥]	황혼
☆ night	[나잇]	밤
☆ nighttime	[나잇타임]	밤, 야간
☆ sunrise	[선라이즈]	일출
☆ sunset	[선셋]	일몰

Names of months [네임스 어브 먼쓰즈] 월 이름

☆ January	[재뉴어리]	1월
☆ February	[펩루어리]	2월
☆ March	[마–취]	3월
☆ April	[에이프럴]	4월
☆ May	[메이]	5월
☆ June	[주운]	6월
☆ July	[줄라이]	7월
☆ August	[어–거슷]	8월
☆ September	[셉템버]	9월

☆ October [악토우버] 10월
☆ November [노우벰버] 11월
☆ December [디쎔버] 12월

Special days [스페셜 데이즈] 경축일

☆ public holiday [펍릭 할러데이] 공휴일, 국경일
☆ Christmas Day [크리스머스 데이] 크리스마스, 성탄절
☆ New Year's Day [뉴- 이어스 데이] 설날

UNIT

10

위치

LOCATION

01 위치 (1)

above
[어버브]

부 위에 전 ~보다 위에

Where's the salt?
소금이 어디 있지?

It's in the cupboard, above the soup.
찬장 안, 수프 위에 있어.

across
[어크러–스]

부 건너서 전 가로질러

Pardon me? Where's the post office?
실례합니다? 우체국이 어디 있나요?

It's across from Leo's Bakery.
레오 제과점 건너편에 있어요.

against
[어게인슷]

전 ~에 반대하여

I can't find my cane!
내 지팡이를 못 찾겠어!

I saw it against the wall.
벽에 기대어져 있는 걸 봤어.

ahead
[어헷]

부 앞에, 앞으로

Do you see Joe and Ellen?
조랑 엘렌 보이니?

They're about 20 meters ahead of us.
우리보다 20m쯤 앞에 있어.

along
[어러엉]

전 ~을 따라

What did you do today?
오늘 너는 뭐 했니?

I jogged along the beach.
해변을 따라 조깅했어.

alongside
[어러엉사이드]

전 ~ 옆에, 나란히

There's a tree alongside the house.
집 옆에 나무가 있네.

It fell down in the hurricane.
허리케인에 쓰러졌어.

among
[어멍]

전 (셋 이상의) 사이에

Do you have any small sizes among these shoes?
이 신발들 중에 작은 사이즈가 있나요?

They're at the bottom.
아래쪽에 있습니다.

around
[어라운드]

부 약, ~쯤 전 주위에, 둘레에

How was your weekend?
주말 어땠어?

Boring. I just sat around the house.
지루했어. 집 주변에 앉아 있기만 했거든.

at
[앳]

전 ~에, ~에서

Where's dad?
아빠 어디 계셔?

He's at the mall with mom.
엄마와 쇼핑몰에 계시는데.

away
[어웨이]

부 (시간적, 공간적으로) 떨어져, 자리에 없는

I haven't seen Frank lately.
최근 프랭크를 못 봤는데.

He's away from here on business.
일 때문에 여기를 떠나 있어.

local
[로우클]

명 주민, 현지인 형 지역의, 현지의

Where does your band play?
너희 밴드 어디에서 연주하니?

We play in some local bars right now.
지금 현지 바에서 연주해.

regional
[리-저늘]

형 지방의

How many schools are in the regional Science Fair?
지방 과학 축제가 있는 학교가 몇 군데야?

Eight or nine, I think.
8~9곳인 거 같아.

02 위치 (2)

back
[백]

부 뒤로, 돌아와서

I think we're lost.
우리 길을 잃은 것 같은데.

Let's turn around and go back.
차를 돌려서 되돌아 가자.

backwards
[백워즈]

부 뒤로

Can you skate backwards?
뒤로 스케이트 탈 수 있어?

No. I can't even skate forwards!
아니. 앞으로도 못 타는 걸!

behind
[비하인드]

전 뒤에

They're building a bowling alley behind the school.
학교 뒤에 볼링장을 만들고 있대.

Seriously? Excellent!
정말이야? 굉장한데!

below
[빌로우]

전 (위치가 ~보다) 아래에

Do you have any jam?
잼 가진 거 있니?

It's on the shelf below the honey.
꿀 아래의 선반 위에 있어.

beside
[비사이드]

전 옆에

Who's that standing behind Lori?
로리 옆에 서 있는 사람이 누구야?

I think it's Nick Parsons.
닉 파슨스인 것 같은데.

between
[빗위인]

전 (위치가) 사이에

Can I sit between Grandpa and Grandma?
할아버지랑 할머니 사이에 앉아도 되요?

Okay, but behave.
좋아, 그런데 제대로 행동하렴.

by
[바이]

전 ~옆에

I'm dying for some lobster!
랍스터가 먹고 싶어 죽겠어!

I know a place by the sea.
바닷가에 가게를 알고 있어.

down
[다운]

부 아래로, 아래에 전 ~의 아래로

Where are my car keys?
내 차 키 어디 있지?

Did they fall down in the sofa?
소파 안에 떨어졌었지?

forward

[퍼-워드]

㉮ (위치가) 앞으로

What's that police officer saying?
경찰관이 뭐라고 말하는 거야?

He's saying, Drive forward.
앞으로 운전하세요라고 말하고 있어.

from

[프럼]

㉠ ~부터

Are you from Australia?
호주 출신인가요?

No, I'm from New Zealand.
아니요, 전 뉴질랜드 출신입니다.

in
[인]

전 ~안에

Where's your Michael Jackson CD?
네 마이클 잭슨 CD가 어디 있지?

It's **in** the livingroom.
거실에 있어.

in front of
[인 프런트 어브]

~의 앞에

I can't see the stage.
무대가 안 보이는데.

Here, stand **in front of** me.
여기, 내 앞에 서.

into
[인투]

전 ~의 안으로

I'll never go **into** that restaurant again!
저 식당으로 다시 가지 않을 거야!

The service was horrible.
서비스가 끔찍했어.

next to
[넥슷 투]

전 ~ 바로 옆에

I smell smoke.
담배 냄새가 나는데.

The man **next to** you has a cigarette.
네 옆에 있는 남자가 담배를 가지고 있어.

off
[어–프]

부 멀리 전 ~에서 아래로, 멀리로

The cat is on the table again.
고양이가 다시 식탁 위에 올라왔어.

Take him off the table, please.
테이블에서 치워 줘, 제발.

on
[언]

전 ~위에

Is that blood on your shirt?
네 셔츠에 묻은 건 피니?

No, it's ketchup.
아니, 케첩이야.

opposite
[아–퍼저트]

전 건너편에

Do you see the jewelry store? I'm opposite that.
보석 가게 보이니? 나는 그 반대편에 있어.

Oh okay. I see you now.
오 알았어. 이제 네가 보인다.

out of
[아웃 어브]

~의 밖으로

I'm surprised that Mel's not here.
멜이 여기 없어서 놀랐어.

Maybe she's out of the country again.
아마도 다시 이 나라를 떠난 것 같아.

over
[오우버]

부 뒤집어, 너머 전 ~위에

Where did the mosquito go?
모기가 어디로 갔지?

It's over your head. Kill it!
네 머리 위에 있어. 죽여버려!

past
[패슷]

부 지나서 전 (위치상으로 ~을) 지나서

I'm not walking past that house.
난 저 집을 지나가지 않을 거야.

Are you scared? Don't worry, I'll protect you!
무서운거야? 걱정 마, 내가 지켜 줄게!

urban
[어–번]

형 도시의

Lotteria has franchises throughout Korea.
롯데리아는 한국 도처에 프랜차이즈가 있어.

But mostly in urban areas.
하지만 대부분 도시에 있지.

rural
[루럴]

형 시골의, 지방의

So you grew up in a rural community?
그래서 지방 사회에서 자랐다고?

Yes. It was hard but I loved it.
응. 힘들었지만 난 좋았어.

right
[라잇]

형 오른쪽의 부 정확히, 바로

Should I go left or right?
왼쪽으로 아니면 오른쪽으로 갈까?

Go right.
오른쪽으로 가.

beyond
[비야안드]

부 돌아서 전 ~저편에

What a hit!
멋진 안타야!

The ball went beyond the fence.
공이 펜스를 넘어갔어.

straight
[스츠레잇]

형 곧은, 똑바른 부 똑바로, 곧바로

Is there a subway around here?
이 주변에 지하철이 있나요?

Go straight for 2 blocks and turn left.
두 블록 직진해서 좌회전 하세요.

through
[쓰루–]

전 ~을 통해

Drive through the tunnel. It's faster.
터널을 통과해 가. 그게 더 빨라.

Good thinking.
좋은 생각이야.

to
[투]

전 ~로

I'd like two tickets to Busan.
부산행 표 두 장 주세요.

Economy or Business Class?
이코노미석과 비즈니스석 중 어느 걸로요?

top
[타압]

명 맨 위, 꼭대기 형 맨 위의

Did you see the vacuum?
진공청소기 봤니?

It's at the top of the stairs.
계단 꼭대기에 있어.

towards
[터워-즈]

전 ~쪽으로, ~향하여

Is there a washroom nearby?
근처에 화장실이 있나요?

Yes. It's down the hall towards the elevator.
네. 복도를 지나 엘리베이터 쪽에 있어요.

under
[언더]

전 ~아래에

I saw your Christmas present.
네 크리스마스 선물 봤어.

Where? Is it under Mom and Dad's bed?
어디? 엄마 아빠 침대 아래에?

up
[업]

㊔/㊖ ~위로

You saw a bald eagle? Where?
대머리 독수리 봤어? 어디서?

Look up. It's up in that tree.
위를 봐. 저 나무 위에 있어.

upside down
[업사이드 다운]

㊔ 거꾸로

Uhh, honey? The cake is upside down.
어, 여보? 케이크가 뒤집혔어.

You dropped it?!!
떨어뜨렸냐?

in town
[인 타운]

시내에

I'll be in town this Friday and Saturday.
이번 주 금요일과 토요일에는 시내에 있을 거야.

We should meet for a drink.
우리 만나서 한잔 하자.

out of town
[아웃 어브 타운]

도시를 떠나서

Where's Pris?
프리스 어디 있어?

She's out of town this week.
걔는 이번 주에 도시를 떠났어.

UNIT 11

건강

HEALTH

01 건강과 질병 (1)

fit
[핏]

형 건강한

How do you stay so fit?
너는 어떻게 그토록 몸이 건강하니?

I exercise for 30 minutes every day.
매일 30분 동안 운동하거든.

frightened
[프라이튼드]

형 겁먹은, 무서워하는

Are you frightened of anything?
너는 뭔가 무서워하니?

I'm scared of getting a serious disease.
심각한 병에 걸리는 게 두려워.

healthy
[헬씨]

형 건강한

What do you want to eat?
너는 뭘 먹고 싶어?

How about something healthy?
건강에 좋은 음식이 어떨까?

hurt
[허–트]

명 상처 동 아프다, 다치게 하다

Did you hurt your arm?
너 팔 다쳤니?

Yeah, I twisted it playing baseball.
응, 야구 하다가 팔을 접질렀어.

ill
[일]

명 병 형 아픈, 병 든

How's your dog doing?
네 개는 어때?

She's still ill. She's an old dog.
아직도 아파. 나이 든 개잖아.

pain
[페인]

명 통증

Do you want some ice for your leg?
다리에 찜질할 얼음 좀 줄까?

Yeah, I still feel some pain.
응, 아직 좀 아프네.

strong
[스츠러엉]

형 강한, 튼튼한

I wish I was strong.
나는 튼튼해졌으면 좋겠어.

Lift some weights.
역기를 들어 봐.

tired
[타이어드]

형 피곤한, 지친

I'm tired. Can we walk for a while?
피곤해. 좀 걸을래?

Sure. We've jogged long enough.
그래. 조깅은 충분히 했으니까.

weak
[위익]

형 약한, 힘이 없는

I want to go outside.
밖에 나가고 싶어.

Don't get out of bed if you feel weak.
몸이 안 좋으면 침대에서 나오지 마.

well
[웰]

형 건강한, (건강이) 좋은 부 잘, 좋게

You don't look very well.
네 안색이 별로 안 좋은데.

I've had this cold for 2 weeks.
이번 감기를 2주 동안 앓았어.

infected
[인펙팃]

형 감염된

Ahh! I cut my foot!
아! 내 발이 베였어!

Clean it so it doesn't get infected.
감염되지 않도록 깨끗이 닦아.

medicine
[메드쓴]

명 의학, 의술, 약

Don't forget to take your medicine.
약 먹는 거 잊지 마.

Thanks for reminding me.
알려 줘서 고마워.

bleed
[블리잇]

동 피를 흘리다

My nose is **bleeding**.
코피가 나고 있어.

Pinch your nose and lean forward.
코를 잡고 몸을 앞으로 구부려.

cause
[커-즈]

명 원인 동 ~을 야기하다

What **caused** you to faint?
뭐 때문에 기절한 거야?

I haven't eaten anything today.
오늘 아무것도 먹지 못했거든.

cure
[큐어]

명 치유, 치유법 동 낫게 하다

Do you know the **cure** for this rash?
이 발진의 치료법 알고 있니?

I think you better see the doctor.
의사를 만나 보는 게 좋을 것 같은데.

heal
[히일]

동 치유하다, 낫게 하다

This cut on my head hasn't **healed**.
내 머리의 상처가 낫지 않았어.

Let me see.
내가 좀 볼게.

improve
[임프루-브]

동 개선하다, 향상시키다

What did the doctor say?
의사가 뭐라고 했어?

He said my condition has improved.
내 상태가 좋아졌다고 했어.

lie
[라이]

동 눕다

I feel dizzy.
어지러워.

Lie down for a few minutes.
잠깐 누워봐.

rest
[레슷]

명 휴식 동 쉬다, 휴식을 취하다

Can I see Grandma?
할머니 뵐 수 있어요?

Maybe later. She's resting right now.
아마 나중에. 지금 쉬고 계셔.

suffer
[서퍼]

동 고통받다

I hate to see animals suffer.
난 동물들이 고통 받는 모습을 보기 싫어.

I hate to see people suffer too.
난 사람들이 고통 받는 것도 보기 싫더라.

treat
[츠리잇]

동 치료하다, 다루다

What did Dr. Mosby treat you for?
모스비 박사가 너한테 어떤 치료를 했어?

She treated me for swollen tonsils.
부은 편도를 치료해 줬어.

poison
[퍼이즌]

명 독약, 독 동 독으로 죽이다

Keep poisons and chemicals away from children.
독극물과 화학물질을 아이들 손이 닿지 않게 두세요.

prescribe
[프리스크라이브]

동 처방하다

What are those?
저것들은 뭐야?

Pills. My doctor prescribed them for my back.
알약. 의사가 내 등 때문에 처방해 준 거야.

nauseous
[너–셔스]

형 메스꺼운, 역겨운

That smells like cow manure.
저건 소똥 거름 냄새 같은데.

Uggh! I feel nauseous.
어! 역겨워.

03 건강과 질병 (3)

cough
[커-프]

명 기침 동 기침하다

Cover your mouth when you cough.
기침할 때는 입을 가리고 하렴.

Sorry Mom.
미안해요 엄마.

faint
[페인트]

명 기절, 실신 동 기절하다, 실신하다

I feel weak.
기운이 없어.

Do you feel like you're going to faint?
기절할 것 같아?

groan
[그로운]

명 신음 동 신음 소리를 내다

Why were you groaning last night?
어젯밤에 왜 끙끙거린 거야?

I had a stomachache.
배가 아팠거든.

itch
[잇취]

명 가려움 동 가렵다

Why are you scratching?
왜 긁는 거야?

A mosquito bit me. It itches.
모기가 물었어. 가려워.

lose weight
[루-즈 웨잇]

살이 빠지다

Did you lose weight?
살이 빠졌니?

I lost 10 kilograms when I was sick.
아팠을 때 10kg이 빠졌어.

put on weight
[풋 언 웨잇]

체중이 늘다

A lot of people put on weight after they lose it.
많은 사람들이 살이 빠진 후에 체중이 늘어.

It's hard to keep weight off.
체중을 유지하는 게 힘들어.

sick
[식]

형 아픈, 토할 거 같은

Paul is on sick leave for three days.
폴은 사흘 간 병가 중이야.

I hope he will be okay soon.
그가 빨리 낫기를 바라.

vomit
[바-밋]

동 토하다

If you vomit, just ring this bell.
토하면, 이 벨을 울리세요.

Thanks nurse.
간호사님 감사합니다.

swell
[스웰]

동 붓다, 부풀다

Hold this ice pack on your knee.
이 얼음 팩을 네 무릎에 올려 놔.

Hopefully the swelling with go down.
부은 게 가라앉으면 좋을 텐데.

feel
[피일]

명 감촉 동 느끼다

My forehead feels hot.
내 이마가 뜨거운데.

Take your temperature. Where's your thermometer?
체온을 재 보자. 체온계가 어디 있지?

pulse
[펄스]

명 맥박 동 맥박 치다

What's a normal pulse?
정상 맥박이 뭐야?

Maybe 70 or 80 beats per minute.
아마 분당 70~80번 뛰는 거지.

04 사고와 상해 (1)

damage
[대미쥐]

명 손해, 피해, 훼손 동 피해를 입히다

There's a lot of damage to your car.
네 차에 상처가 많구나.

The other driver hit me from the side.
다른 운전자가 옆에서 받았어.

dangerous
[데인저러스]

형 위험한

Are you taking your bike to work?
너는 자전거를 타고 출근할 거니?

No, it's too dangerous with all the ice.
아니, 얼음판에서 타기에는 너무 위험해.

dare
[데어]

동 감히 ~하다

I dare you to jump to the next roof.
건너편 지붕으로 뛰어넘을 수 있으면 해 봐.

No thanks. I like my life.
사양하겠어. 난 내 삶을 사랑하니까.

harm
[하암]

명 해, 손해 동 해치다, 해를 끼치다

There's no harm in skateboarding.
스케이트보드는 해롭지 않아.

Unless you don't wear safety gear.
안전 장치만 착용한다면 말이지.

injure
[인저]

동 부상을 입다

Is that Steve on crutches?
목발 짚고 있는 저 사람 스티브니?

Yeah, he injured himself at work.
응, 직장에서 다쳤대.

fortunate
[퍼-처너트]

형 운 좋은, 다행한

You're fortunate you didn't break any bones.
뼈를 전혀 다치지 않았다니 넌 운이 좋구나.

I'm pretty lucky.
내가 꽤 운이 좋지.

panic
[패닉]

명 극심한 공포, 허둥지둥함
동 겁에 질려 어쩔 줄 모르다

Don't panic. Everyone is okay.
당황하지 마세요. 모두 괜찮습니다.

risk
[리슥]

명 위험 요소 동 위태롭게 하다

You took a risk skating on thin ice.
얇은 빙판에서 스케이트를 타는 모험을 했구나.

I'll never do that again!
다시는 그런 짓 하지 않을 거야!

shock
[샤악]

명 충격 동 충격을 주다

How's your wife?
네 아내 어때?

She's in shock from the crash but she'll be fine.
사고로 충격을 받았지만 괜찮을 거야.

cast
[캐슷]

명 거푸집 동 던지다, 배역을 정하다

How do I catch a fish?
물고기를 어떻게 잡지?

Cast your line into the water.
물 속으로 낚싯줄을 던져.

organ
[어-건]

명 (인체 내의) 장기

Do you believe in organ donation?
장기 기증이 옳다고 생각하니?

Sure. Donated organs save lives.
물론. 장기 기증은 생명을 살리잖아.

05 사고와 상해 (2)

burst
[버-슷]

명 파열 동 터지다, 파열하다

When the dam **burst**, the water flooded the town.
댐이 폭발했을 때, 물이 마을로 밀려왔어.

That's awful!
끔찍한데!

collide
[컬라이드]

동 충돌하다

Two ships **collided** off the coast.
배 두 대가 해안에서 충돌했어.

Was anyone killed?
죽은 사람이 있어?

drown
[드라운]

동 익사하다, 물에 빠지다

How did the man **drown**?
그 남자는 어떻게 빠진 거야?

Unfortunately, he wasn't wearing a lifejacket.
불행히도, 구명조끼를 입지 않았대.

full
[풀]

형 가득 찬, 충만한

The airplane was **full** but no one was injured.
비행기는 만석이었지만 아무도 부상당하지 않았습니다.

float
[플로웃]

명 부유, 부표 동 뜨다, 표류하다

I can't swim!
나는 수영 못 해!

It's okay. Grab this tube and you can float.
괜찮아. 이 튜브를 잡으면 뜰 수 있어.

leak
[리잌]

명 새는 곳, 누설 동 새다, 누설되다

You had to swim to shore?
해변까지 헤엄쳐 가야 했던 거야?

Yeah, there was a leak in my canoe.
응, 카누에 구멍이 났거든.

rescue
[레스큐-]

명 구조 동 ~을 구조하다

Firefighters rescued 13 people from the fire.
소방관들이 화재에서 13명을 구조했어.

Thank god they were in time.
시간에 맞춰서 다행이다.

rise
[라이즈]

명 상승 동 떠오르다

How far do hot-air balloons rise?
열기구는 얼마나 멀리까지 뜰 수 있나요?

This one rose and fell almost immediately.
이것은 거의 바로 뜨고 내려요.

sink
[싱크]

동 가라앉다, 침몰하다

Did he sink his boat on purpose?
그는 보트를 고의로 침몰시킨 거야?

No, it was an accident.
아니, 그건 사고였어.

survive
[서바이브]

동 생존하다, 살아남다

How many people survived the train wreck?
열차 사고에서 얼마나 살아남았어?

We don't know yet.
아직 알 수 없어.

sprain
[스프레인]

동 삐다, 접지르다

How did Donald sprain his neck?
도널드는 목을 어떻게 삐었대?

By lifting weights at the gym.
헬스클럽에서 역기를 들다가.

inhale
[인헤일]

동 숨을 들이마시다

What happened?
무슨 일이야?

I inhaled some smoke, but I'll be okay.
연기를 좀 마셨는데, 괜찮을 거야.

MORE VOCA

건강

Illness or Injury [일너스 오어 인저리] 병과 상처

☆ ache	[에익]	아픔
☆ injury	[인저리]	부상
☆ wound	[우운드]	상처
☆ pain	[페인]	통증
☆ disease	[디지-즈]	병
☆ fever	[피-버]	열, 열병
☆ infection	[인펙션]	감염, 전염병
☆ cold	[코울드]	감기
☆ flu	[플루-]	독감
☆ headache	[헤데익]	두통
☆ bruise	[브루-즈]	멍, 타박상
☆ scratch	[스크랫취]	찰과상
☆ broken arm	[브로우컨 아암]	부러진 팔
☆ sore	[서-]	(빨갛게 된) 상처

☆ all right	[어얼 라잇]	괜찮은
☆ safe	[세이프]	안전한
☆ slight(minor) injury	[슬라잇(마이너) 인저리]	경상
☆ serious(major) injury	[시리어스(메이저) 인저리]	중상
☆ fatal injury	[페이틀 인저리]	치명상

In the hospital [인 더 하스피틀] 병원에서

☆ patient	[페이션트]	환자
☆ doctor	[닥터]	의사
☆ nurse	[너–스]	간호사
☆ operation	[아퍼레이션]	수술
☆ drug	[드럭]	약
☆ injection	[인젝션]	주사
☆ bandage	[밴디쥐]	붕대, 밴드
☆ pill	[필]	알약
☆ medicine	[메드쓴]	약

At an accident [앳 언 액시던트] 사고

☆ accident	[액시던트]	사고
☆ crash	[크래쉬]	충돌, 사고
☆ disaster	[디재스터]	참사, 재난
☆ emergency	[이머–전씨]	비상 사태
☆ first aid	[퍼–슷 에잇]	응급 처치

UNIT

12

자연

NATURE

01 식물

cultivate
[컬터베이트]

동 경작하다, 재배하다

First we cultivate the land, then we plant the corn.
먼저 땅을 경작하고, 그 다음 옥수수를 심어.

It sounds like hard work.
힘든 일 같은데.

develop
[디벨럽]

동 성장하다, 개발하다

Why are they cutting down those trees?
그들은 왜 저 나무들을 베어 내고 있죠?

They're developing a golf course.
골프장을 건설 중이에요.

grow
[그로우]

동 자라다, 재배하다

What kind of trees grow around here?
무슨 종류의 나무들이 여기 주변에서 자라나요?

Fir, spruce, maple...
전나무, 가문비나무, 단풍나무…

plant
[플랜트]

명 식물 동 심다

I never saw this elm tree before.
이 느릅나무는 전에 못 봤는데.

I planted it last spring.
지난 봄에 심었어.

water
[워–터]

명 물 동 물을 주다

How often do you water this plant?
이 나무는 얼마나 자주 물을 주니?

Every 3 or 4 days.
3~4일마다 한 번씩.

fresh
[프레쉬]

형 신선한, 생생한

These tomatoes taste really fresh.
이 토마토들은 맛이 정말 신선해.

Thanks. They're from my garden.
고마워. 내 정원에서 딴 거야.

green
[그리–인]

명 녹색 형 녹색의

Your lawn looks so green!
너희 집 잔디는 정말 푸르구나!

We've had great weather this summer.
올해 여름에 날씨가 좋았거든.

raw
[러–]

형 날것의

I think these pears are still raw.
이 배들은 아직 덜 익은 것 같아.

Then don't pick them.
그러면 따지 마.

ripe
[라이프]

형 익은

When will the grapes be ripe?
그 포도들은 언제 익나요?

Two more weeks and they'll be ripe.
2주 더 있으면 익을 거예요.

rotten
[라-튼]

형 썩은

There are a lot of rotten apples on the ground.
땅에 썩은 사과가 많아.

Maybe the animals will eat them.
아마 동물들이 먹을 거야.

bloom
[블루움]

명 꽃 동 꽃이 피다

Have the roses bloomed yet?
장미꽃이 벌써 피었니?

Not yet. Wait a little longer.
아직 안 피었어. 좀 기다려.

nutrient
[누-츠리언트]

명 영양분

Nothing ever grows here.
여기에는 아무것도 자라지 않아.

Because the soil is poor. It lacks nutrients.
흙이 좋지 못해서 그래. 영양분이 부족해.

02 동물

breed
[브리잇]

동 새끼를 낳다, 사육하다

How often do squirrels breed?
다람쥐는 얼마나 자주 새끼를 낳나요?

Once or twice a year.
일 년에 한두 번이요.

feed
[피잇]

명 먹이 동 먹이를 주다

Can I feed the deer?
내가 사슴에게 먹이 줘도 돼?

No, don't feed any wild animals.
아니, 야생동물에게 먹이 주지 마.

hunt
[헌트]

명 사냥 동 사냥하다

Do polar bears hunt?
북극곰은 사냥을 하나요?

Of course. They hunt seals.
물론이죠. 물개를 사냥해요.

keep
[키입]

동 (동물을) 기르다

Where do you keep your chickens?
너는 어디에서 닭을 기르니?

They're in a coop in the backyard.
뒷마당의 닭장 안에 있어.

kind
[카인드]

명 종류

What kind of dog is it?
그건 무슨 종류의 개야?

It's a Welsh Corgi.
웰시 코기야.

tame
[테임]

형 길들여진 동 길들이다

Is your hamster friendly?
네 햄스터는 온순하니?

Yeah, she's very tame.
응, 잘 길들여졌어.

train
[츠레인]

동 훈련시키다, 교육받다

Can you train insects?
곤충을 훈련시킬 수 있어?

My friend trained his spider to jump.
내 친구는 거미가 점프하도록 훈련시켰지.

attack
[어택]

동 공격하다

What should I do if a wolf attacks us?
늑대가 우리를 공격하면 어떻게 해야 하지?

Wolves don't live in this area.
이 지역에는 늑대가 살지 않아.

UNIT

13

통신

COMMUNICATION

01 어떤 사실을 말하는 방법

apologize
[어파알러자이즈]

동 사과하다

I apologize for ignoring you.
너를 무시한 것 사과할게.

You hurt my feelings.
너는 내 마음에 상처를 줬어.

declare
[디클레어]

동 선언하다, 선포하다

The Mayor declared June 12th a holiday.
시장이 6월 12일을 휴일이라고 선포했어.

So we don't have to work?
그러면 우리 일 안 해도 되는 거야?

discuss
[디스커스]

동 논의하다, 토론하다

I have something to discuss with you.
너랑 토의할 게 있어.

Sure. Come inside my office.
좋아. 내 사무실로 들어와.

interrupt
[인터럽트]

동 방해하다

Why did you interrupt me?
왜 나를 방해하니?

I have some important news!
중요한 소식이 있거든!

interview
[인터뷰-]

명 면담, 회견 동 면접을 하다

What happened in the interview?
인터뷰에서 무슨 일이 있었어?

She asked me about my job experience.
내게 직장 경험을 물어보더라고.

mention
[멘션]

동 언급하다, 말하다

I have soccer practice tonight.
오늘 밤 축구 연습이 있어.

Why didn't you mention that before?
왜 그걸 미리 말하지 않았어?

remind
[리마인드]

동 상기시키다

Remind me to do the laundry later.
나중에 세탁하라고 말해 줘.

I'll try to remember.
기억해 볼게.

reply
[리플라이]

명 대답 동 대답하다

When should we reply to the invitation?
그 초대에 언제 답변해야 하지?

By the 21st.
21일까지야.

shout
[샤웃]

명 외침, 큰 소리 동 외치다, 소리치다

What's for dinner?
저녁은 뭐야?

I'm right here. Why are you **shouting**?
나 여기 있어. 왜 소리치는 거야?

yell
[옐]

명 고함 동 소리치다

Why is that man **yelling**?
저 남자는 왜 소리치는 거지?

I think his bicycle was stolen.
자전거를 도둑맞았나 봐.

slang
[슬랭]

명 속어

Teach me some American **slang**.
미국 속어를 좀 가르쳐 줘.

Alright. Chill out means relax.
그래. Chill out은 긴장을 푼다는 뜻이야.

short for
[셔-트 퍼]

~의 생략형인

What does Can I borrow your cell? mean?
Can I borrow your cell?은 무슨 뜻이야?

Well, cell is **short for** cell phone.
음, cell은 cell phone을 줄인 말이야.

02 의견과 비평

advise
[어드바이즈]

동 충고하다, 조언하다

What did Mrs. Kim say?
김 선생님이 뭐라고 말했어?

She advised me to call a lawyer.
변호사를 부르라고 조언했어.

blame
[블레임]

명 탓 동 ~을 탓하다

It's not my fault.
그건 내 잘못이 아니야.

I know. I'm not blaming you.
알아. 널 비난하는 건 아니야.

comment
[카–멘트]

명 지적 동 논평하다, 견해를 밝히다

Did he like the presentation?
그가 발표를 좋아했어?

He didn't comment on it.
아무 언급이 없었어.

complain
[컴플레인]

동 불평하다

Your father complains a lot.
너희 아빠는 불평을 많이 하시는구나.

He's easily disappointed.
쉽게 실망하시거든.

criticize
[크리티싸이즈]

동 비판하다

Did you read this movie review?
너는 이 영화평 읽었니?

Yeah, the reviewer really criticized the acting.
응, 평론가가 연기를 비판했어.

deny
[디나이]

동 부인하다

The driverless car was cool, don't deny it.
무인자동차 멋졌지, 부정하지 마.

I'm not denying it.
부정하지 않아.

praise
[프레이즈]

명 칭찬 동 칭찬하다

I don't deserve so much praise.
저는 그런 칭찬을 받을 만한 자격이 없어요.

Don't be so modest.
그렇게 겸손해 하실 것 없어요.

propose
[프러포우즈]

동 제안하다

This is a difficult problem.
이건 어려운 문제군.

I'd like to propose a solution.
해결책을 제시하고 싶어.

recommend
[레커멘드]

동 추천하다

Can you recommend a good book?
좋은 책 좀 추천해 주실래요?

Sure. Do you like Ray Bradbury?
물론이죠. 레이 브래드베리 좋아하시나요?

warn
[워언]

명 경고 동 경고하다

What is that reporter saying?
저 기자가 뭐라고 말하는 거야?

She's warning people about the typhoon.
사람들에게 태풍을 경고하고 있어.

confirm
[컨퍼엄]

동 사실임을 보여 주다

Can you confirm that she owns this property?
그녀가 이 부동산을 소유하고 있다고 확신해?

Yes, I can.
응, 그래.

slander
[슬랜더]

명 모략 동 중상모략하다

The mayor was slandered in today's newspaper.
그 시장은 오늘 신문에서 중상모략 당했어.

I wonder if the mayor will sue.
시장이 고소하려나.

03 전달, 통신

apply
[어플라이]

동 신청하다

How can I become a member?
회원이 되려면 어떻게 해야 하나요?

You have to apply in person.
직접 신청하셔야 합니다.

communicate
[커뮤-니케이트]

동 의사소통을 하다

Ranelle communicates really well!
라넬은 소통을 정말 잘 하는구나!

She explains things clearly.
명확하게 설명하거든.

deliver
[딜리버]

동 배달하다

I need to deliver this package A.S.A.P.
이 소포를 가능한 한 빨리 배달해야 해요.

I'll do it for you.
제가 해 드릴게요.

draw
[드러-]

동 그리다

I don't know how to get there.
거기에 어떻게 가는지 모르겠어.

I'll draw you a map.
내가 지도를 그려 줄게.

post
[포우슷]

동 발송하다, 게시하다

How should I send this message?
이 메시지를 어떻게 보내야 하지?

Post it on the network.
네트워크에 올려 봐.

print
[프린트]

명 활자, 출판 동 인쇄하다, (책을) 출간하다

Scott **printed** 10 copies of the report.
스콧이 보고서를 10부 인쇄했어.

Do you think that's enough?
그거면 충분할 것 같아?

receive
[리씨–브]

동 받다

Did you **receive** the file yet?
파일을 벌써 받으셨나요?

No. When did you send it?
아니요. 언제 보내셨나요?

send
[센드]

동 보내다, 발송하다

I can't **send** this letter until Tuesday.
화요일까지 이 편지를 보낼 수 없어요.

That's fine.
괜찮습니다.

sign
[사인]

동 서명하다

Sign your name here please.
여기에 사인해 주세요.

Okay. Can I get a receipt too?
알겠습니다. 영수증도 받을 수 있을까요?

type
[타이프]

명 타입 동 타자를 치다

How fast can you type?
타자를 얼마나 빨리 칠 수 있나요?

I can type 88 words per minute.
1분에 88 단어를 칠 수 있습니다.

signal
[시그널]

명 신호

When I give you the signal, bring the cake.
내가 신호를 주면, 케이크를 가져와.

Okay, what's the signal?
알았어, 무슨 신호인데?

gesture
[제스처]

명 몸짓 동 몸짓(손짓)을 하다

What's that man doing?
저 남자 뭐하고 있니?

He's gesturing to keep driving.
운전을 계속 하라고 손짓하고 있어.

UNIT

14

필요, 계획, 아이디어

NEEDS, PLAN AND IDEAS

01 문제의 해결

answer
[앤서]

명 대답, 해답 동 대답하다

What did the teacher say?
선생님이 뭐라고 했어?

He said there is more than one answer.
답이 하나 이상 있다고 하셨어.

check
[첵]

명 확인, 점검 동 확인하다, 점검하다

Are you finished with the test?
시험 끝냈어?

Yes, but I'm checking my answers again.
응, 하지만 답을 다시 확인하는 중이야.

decide
[디싸이드]

동 결정하다

I can't decide what to buy.
뭘 살지 결정을 못 하겠어.

Then flip a coin.
그럼 동전을 던져 봐.

guess
[게스]

명 추측, 짐작 동 추측하다

If you aren't sure, just guess.
확신이 없으면 그냥 추측해 봐.

I don't like guessing.
난 추측하는 걸 좋아하지 않아.

idea
[아이디-어]

명 생각, 발상

What should we do?
우리 뭘 해야 하지?

I have a few ideas.
내게 생각이 좀 있어.

problem
[프라-블럼]

명 문제

There's a problem with this program.
이 프로그램에 문제가 있어.

Try restarting your computer.
컴퓨터를 다시 켜 봐.

reason
[리-즌]

명 이유, 까닭 동 추리하다

Why are you late?
왜 늦은 거야?

I don't have a good reason.
이유가 없어.

solve
[사알브]

동 해결하다, (문제, 수수께끼 등을) 풀다

I've tried but I can't solve the problem.
노력했지만 그 문제를 못 풀었어.

Let me try.
내가 해 볼게.

think
[씽크]

동 생각하다, 사고하다

What do you think?
너는 어떻게 생각하니?

I think we need more information.
정보가 더 필요할 것 같은데.

understand
[언더스탠드]

동 이해하다, 알아듣다

Do you understand these instructions?
이 지시사항을 이해하나요?

Partly. They're a little confusing.
조금요. 좀 혼란스럽네요.

likely
[라이클리]

형 ~할 것 같은

I hope the river doesn't flood this year.
올해 강이 넘치지 않기를 바라.

It could but it's not likely.
그럴 것 같지 않아.

look into
[룩 인투]

~을 조사하다

The delivery didn't arrive.
배달이 오지 않았어요.

I'll look into the problem.
문제를 알아볼게요.

funny
[퍼니]

형 재미있는, 우스운, 기이한

Last night was so funny!
어젯밤 아주 재미있었어!

Yeah, I love high school reunions.
맞아, 고등학교 동창회가 좋아.

important
[임퍼–턴트]

형 중요한

Why are you studying finance?
너는 왜 재무를 공부하니?

It's important for my job.
내 업무에 중요하거든.

mess
[메스]

명 엉망 상태 동 엉망으로 만들다

My life is a mess.
내 삶은 엉망이야.

It's not that bad.
그렇게 나쁘진 않아.

mistake
[미스테이크]

명 실수, 잘못 동 실수하다, 오해하다

Coming here was a mistake.
여기 온 건 실수였어.

Let's try to be positive.
긍정적으로 생각해 보자.

necessary
[네써세리]

형 필요한

Should I bring some wine to the party?
파티에 와인을 가져가야 할까?

It's not necessary.
필요 없어.

short
[셔-트]

형 짧은, 부족한

How's work going?
일은 어때?

It's short on excitement.
신나는 일이 부족해.

special
[스페셜]

형 특별한, 특수한

Remember our trip to Prague?
우리 프라하 여행 기억나?

That was a special time.
특별한 시간이었지.

sure
[슈어]

형 확신하는

Are you sure about this movie?
이 영화에 대해 확신해?

It's supposed to be awesome!
굉장할 거야!

trouble
[츠러블]

명 곤란, 골칫거리 동 괴롭히다

There's trouble with the sound equipment.
음향 장비에 문제가 있어.

Ten minutes before the concert?!!
콘서트 10분 전인데?

urgent
[어–전트]

형 긴급한, 다급한

The bartender just quit.
바텐더가 막 관뒀어요.

What? Call Eric. Tell him it's urgent!
뭐? 에릭에게 전화해. 긴급상황이라고 해!

mandatory
[맨더터–리]

형 의무적인

Workboots are mandatory in the warehouse.
창고에서 작업화는 의무적입니다.

I'll buy some tomorrow.
내일 좀 사야겠군요.

nonsense
[나안센스]

명 터무니없는 생각

He wants to build a wall around the country.
그는 전국에 벽을 쌓고 싶대.

That's nonsense.
그건 터무니없는 생각이야.

03 소망과 요구

expect
[익스펙트]

동 예상하다

He expects me to work Saturdays.
그는 내가 토요일에도 일하기를 기대합니다.

hope
[호우프]

명 희망, 기대 동 희망하다, 바라다

I hope the weather is nice tomorrow.
내일 날씨가 맑으면 좋을 텐데.

I hope so too.
나도 그러면 좋겠다.

look forward to
[룩 퍼-워드 투]

~을 고대하다

I'm looking forward to next weekend.
다음 주말이 기다려져.

Your sister is coming home, right?
여동생이 집에 오는구나, 그렇지?

need
[니잇]

명 필요 동 필요로 하다

Do you need anything from the kitchen?
부엌에서 필요한 것 있어?

Just a glass of water.
물 한 잔만 줘.

plan
[플랜]

명 계획 동 계획하다

Do you have plans for your holiday?
휴일에 계획 있어?

Not yet.
아직 없어.

require
[리콰이어]

동 요구하다

Do you have a dress code at work?
직장에서 복장 규정이 있니?

Yes, we're required to wear a shirt and tie.
응, 우리는 셔츠와 넥타이를 해야 해.

take
[테이크]

동 필요하다, 있어야 하다

It takes two people to finish this task.
이 일을 끝내려면 두 사람이 필요해.

Then I'll help you.
그럼 내가 도와줄게.

try
[츠라이]

동 시도하다, 노력하다

Try to clean the bathroom before Monday.
월요일 전에 화장실 청소를 해.

Okay, I'll try.
알았어, 해 볼게.

want
[원트]

명 원하는 것 동 원하다, 바라다

What does Ryan **want** for his birthday?
라이언이 생일에 원하는 게 뭐래?

I think he **wants** a drone.
드론을 갖고 싶어 하는 것 같은데.

wish
[위쉬]

명 기원, 바람 동 바라다, 기원하다

I **wish** it was Friday.
금요일이었으면 좋겠어.

Don't worry. It's coming.
걱정 마. 다가오고 있어.

pray for
[프레이 퍼]

~을 위해 기도하다

My aunt still isn't well.
숙모는 아직 좋지 않으셔.

I'll **pray for** her.
내가 숙모를 위해 기도할게.

beg
[벡]

동 간청하다, 구걸하다

Let me borrow the car tonight! I'm **begging** you!
오늘 밤에 차 빌려 줘! 간청할게!

Don't **beg**. It's embarrassing.
간청하지 마. 당황스러워.

believe
[빌리-브]

동 믿다

Do you believe in Santa Claus?
너는 산타클로스를 믿니?

Not since I was four years old.
4살 이후부터 믿지 않아.

certain
[써-튼]

형 확실한, 확신의

Are you certain you saw Luke?
너 루크를 본 게 확실해?

Well, it looked like him.
글쎄, 닮았었는데.

doubt
[다웃]

명 의심 동 의심하다

I doubt that I'll get a car for graduation.
졸업 선물로 차를 받을 수 있을지 확실하지 않아.

Yeah, that's an expensive gift.
그럼, 비싼 선물이니까.

false
[포얼스]

형 틀린, 가짜의

True or false: Iron Man is a true story?
진실 혹은 거짓: 아이언맨은 실화일까요?

False.
거짓이요.

hear about
[히어 어바웃]

~에 관하여 듣다

Where did you hear about the shark attack?
상어가 습격한 소식 들었니?

My friend just texted me.
친구가 문자 메시지로 보내줬어.

listen
[리슨]

동 듣다, 귀를 기울이다

What do we have to do now?
이제 우리 뭘 해야 하지?

Seriously? Were you listening?
진심이야? 내 말 들은 거야?

realize
[리-얼라이즈]

동 깨닫다, 인식하다

I didn't realize that Korea had hip-hop music.
한국에 힙합 음악이 있는 줄 몰랐어.

I'm surprised that you didn't know.
네가 몰랐다는 사실이 놀랍구나.

suppose
[서포우즈]

동 생각하다, 추측하다

I suppose your husband is watching sports today.
네 남편은 오늘 운동 경기를 보고 있겠군.

You suppose right.
네 추측이 맞았어.

true
[츠루-]

형 사실의, 진짜의

Viola's getting married again.
비올라가 재혼한대.

That's not true. It's just a rumour.
그거 사실이 아니야. 소문일 뿐이야.

trust
[츠러슷]

명 신용, 신뢰 동 신용하다, 신뢰하다

Do you trust me?
너는 날 믿지?

Most of the time.
대부분은.

convinced
[컨빈슷]

형 확신하는

I'm convinced that Nelson will win the fight.
나는 넬슨이 이번 경기에서 이길 거라고 확신해.

Sure. He has 28 knockouts.
그래. 그는 28번 녹아웃 했지.

fuzzy on
[퍼지 언]

애매하다

I'm a little fuzzy on today's science lesson.
오늘 과학 수업이 좀 애매한데.

I understood it.
나는 이해했는데.

UNIT

15

구매와 판매; 수입; 사업

BUYING AND SELLING; EARNING; BUSINESS

01 주고받기 (1)

get
[겟]

동 얻다, 사다, 받다

What did you get?
뭘 샀어?

I got three pairs of jeans for $80.
80달러에 청바지 세 벌 샀어.

give
[기브]

동 주다

Do you give your children allowance?
너는 아이들에게 용돈을 주니?

Yes, I give them 10 or 15 dollars a week.
응, 매주 10~15달러를 주고 있어.

keep
[키입]

동 유지하다, 가지고 있다

Here you go. Three dollars is your change.
여기 있습니다. 거스름돈 3달러입니다.

That's alright. You can keep it.
괜찮아요. 가지세요.

take
[테이크]

동 가지고 가다

Did that girl pay for the chocolate?
저 소녀가 초콜릿 값을 계산했니?

No, I think she just took it.
아니, 그냥 가져간 것 같은데.

remove

[리무-브]

동 치우다

The sale ended yesterday.
세일은 어제 끝났어요.

Okay, I'll remove the sale signs.
알겠습니다, 세일 간판을 치울게요.

hide

[하이드]

동 숨기다

What do you do with your money?
네 돈을 어떻게 했어?

I hide it under my mattress.
내 매트리스 밑에 감췄어.

look for

[룩 퍼]

찾다, 구하다

I'm looking for the vinegar.
식초를 찾고 있는데요.

It's in aisle 7.
7번 통로에 있습니다.

throw away

[쓰로우 어웨이]

던지다

Are you going to throw those pennies away?
페니들을 던질 거니?

Why, do you want them?
왜, 네가 가지려고?

get rid of
[겟 릿 오브]

~을 처리하다

Excuse me. Where is the lettuce?
실례합니다. 상추는 어디 있나요?

It was old so we got rid of it.
오래 돼서 치웠습니다.

refuse
[리퓨-즈]

동 거절하다

I want to give Edgar some money.
에드가한테 돈을 좀 주고 싶은데.

He'll probably refuse. He won't accept cash gifts.
그는 아마 거절할 거야. 그는 현금을 받지 않아.

hoard
[허-드]

명 비축 동 비축하다

Why would someone hoard canned food?
어떤 사람들은 왜 통조림으로 된 음식을 비축할까?

Maybe they're scared of an earthquake.
아마 그들은 지진이 두려운가봐.

accept
[억셉트]

동 받아들이다

Do you accept American Express?
아메리칸 익스프레스 카드를 받으시나요?

Of course.
물론이죠.

available
[어베일러블]

형 구할 수 있는

Are there any tickets available?
표가 있나요?

I'm sorry, we're sold out.
죄송하지만, 다 팔렸습니다.

bring
[브링]

동 가져오다, 데려오다

I forgot to bring my wallet.
지갑 가져오는 걸 잊어버렸어.

Ha! So now I have to pay?
허! 그래서 지금 내가 내야 한다고?

carry
[캐리]

동 나르다, 운반하다

I never carry a lot of cash.
난 절대 현금을 많이 가지고 다니지 않아.

It's more convenient to use your bank card.
은행 카드를 쓰는 게 더 편하지.

find
[파인드]

동 발견하다

Can you find that e-mail?
그 이메일을 찾을 수 있어?

I think I deleted it.
지워버린 것 같아.

have
[해브]

동 가지고 있다, 소유하다

How much cash do you have?
현금 얼마나 있어?

About $30.
30달러 정도.

hold
[호울드]

동 쥐다, 잡다

Do you mind holding this?
I have to find an ATM.
이것 좀 봐 주실래요? ATM을 찾아야 해서요.

Yes, we can hold it until 5 o'clock.
네, 5시까지 맡아드릴 수 있습니다.

lend
[렌드]

동 빌려 주다

I forgot my money at home.
집에 돈을 놓고 왔어.

Ask Dad to lend you some.
아빠한테 좀 빌려 달라고 해.

lose
[루–즈]

동 분실하다, 잃다

I have a poker game tonight with some friends.
오늘 친구들 몇 명이랑 포커 게임을 할 거야.

Again? You always lose your money.
또? 너는 항상 돈을 잃잖아.

own
[오운]

동 소유하다

Do you own your house yet?
벌써 집을 갖고 있는 거야?

No, I still have a mortgage.
아니, 아직 대출이 남아 있어.

match
[매취]

동 맞추다, ~에 필적하다

How does your fundraiser work?
모금 행사를 어떻게 해?

If you donate some money, we will match it.
만약 돈을 좀 기부하면, 맞출게.

trade
[츠레이드]

동 거래하다

I traded two chairs for a set of pots.
의자 두 개를 냄비 세트랑 바꿨어.

That's not bad.
나쁘진 않군.

03 주고받기 (3)

collect
[컬렉트]

동 수집하다, 모으다

We're collecting money for UNICEF.
유니세프를 위한 기부금을 모으고 있어요.

I'll donate 30 dollars.
30달러 기부할게요.

contribute
[컨츠리뷰-트]

동 기부하다, 기증하다

Would you like to contribute to our festival?
저희 축제에 기부해 주시겠어요?

How can I help?
어떻게 도와드리면 되나요?

distribute
[디스츠리뷰-트]

동 분배하다, 나누어 주다

What's a good way to advertise?
광고하기에 좋은 방법이 뭘까?

We can distribute flyers.
전단지를 나눠 줘도 돼.

exchange
[익스체인쥐]

명 교환 동 교환하다

I'd like to exchange this iron.
이 다리미를 교환하고 싶은데요.

Is it broken?
고장 났나요?

inherit
[인헤릿]

동 상속하다, 물려받다

How did he become so rich?
그는 어떻게 그렇게 부자가 됐지?

He inherited his father's business.
아버지의 사업을 물려받았어.

obtain
[업테인]

동 얻다, 취득하다

Where did you obtain your swipe card?
네 전자카드는 어디에서 구했어?

At the front counter.
정문 카운터에서.

offer
[어-퍼]

동 제공하다, ~을 권하다

If you buy 2, they're offering 2 for free.
두 개 사시면, 두 개를 드립니다.

That's a pretty good offer.
좋은 할인이군요.

possess
[퍼제스]

동 소유하다

Do you possess a student I.D. card?
학생증을 가지고 있나요?

Yes, I do.
네, 있습니다.

provide

[프러바이드]

동 공급하다

Please provide us with a photo I.D.

사진 신분증을 주세요.

One second please.

잠깐만 기다리세요.

share

[셰어]

명 몫 동 공유하다, 함께 쓰다

I'm not that hungry.

난 배고프지 않아.

Then let's just share a piece of cake.

그럼 케이크 한 조각을 나눠 먹자.

deposit

[디파—짓]

명 보증금 동 예금하다, 보증금을 내다

How much did you deposit?

얼마 예금하시겠어요?

All of it. My whole paycheck.

전부요. 제 월급 전체요.

withdraw

[위드드러—]

동 인출하다, 빼내다

I could only withdraw $500. I needed $600.

500달러만 인출할 수 있던데요. 600달러가 필요했는데.

afford
[어퍼–드]

동 여유가 되다

We need to fix our car.
우리 차를 수리해야 해.

Honestly, we can't afford it.
사실, 그럴 여유가 없어.

earn
[어언]

동 벌다

How much do you earn?
수입이 얼마나 되나요?

That's a personal question.
그건 개인적인 질문인데요.

job
[잡]

명 일, 직업

I need to make more money.
돈을 더 벌어야 해.

You could get a second job.
부업을 구해 봐.

owe
[오우]

동 빚지고 있다

How much do you owe in taxes?
너는 세금을 얼마나 내니?

More than 400 dollars.
400달러 이상이야.

pay
[페이]

명 보수 동 지불하다

Do you pay for internet service?
인터넷 요금을 네가 내니?

No, my company pays for it.
아니, 회사가 내 줘.

refund
[리-펀드]

명 환불 동 환불하다

I'd like a refund please.
환불하고 싶은데요.

Sure. Is there anything wrong with the item?
네. 무슨 문제죠?

pay back
[페이 백]

갚다, 돌려주다, 상환하다

Thanks for the loan. I'll pay you back next week.
빌려 줘서 감사합니다. 다음 주에 갚겠습니다.

Take your time.
잘 쓰세요.

salary
[샐러리]

명 월급, 급료

What's the starting salary in your company?
귀사의 초임이 어떻게 되나요?

$24,500.00
2만 4,500달러입니다.

save
[세이브]

동 저축하다, 구하다

Why does Danielle work so hard?
다니엘은 왜 그렇게 열심히 일하지?

He's saving for school in September.
9월에 학교에 갈 돈을 저축하고 있어.

spend
[스펜드]

동 돈을 쓰다

I'm always in debt.
나는 항상 빚을 지고 있어.

Because you spend more than you save.
너는 저축보다 쓰는 돈이 많으니까.

wage
[웨이쥐]

명 임금, 급료

How are wages at the factory?
그 공장의 급여는 어떻게 되지?

They've gone up a bit.
약간 올랐어.

work
[워-크]

명 일, 직장 동 일하다

Can you work overtime?
추가 근무할 수 있어요?

Sure. When do you want me to start?
물론이죠. 언제 시작하면 될까요?

05 고용

occupation
[아-큐페이션]

명 직업

You should be an accountant.
너는 회계사가 되어야 해.

I need a more creative **occupation**.
저는 좀 더 창의적인 직업을 갖고 싶어요.

career
[커리어]

명 경력, 직업

Do you plan to get married?
너는 결혼할 계획이야?

I want to start a **career** first.
먼저 일을 시작하고 싶어.

profession
[프러페션]

명 (전문적인) 직업

What's your mother's **profession**?
너희 어머니 직업은 뭐야?

She's a corporate lawyer.
기업 변호사셔.

ambition
[앰비션]

명 야망, 포부

Chloe wants to be a diplomat.
클로에는 외교관이 되고 싶대.

She has a lot of **ambition**.
그녀는 야망이 크지.

boss
[버-스]

명 (직장의) 상사, 사장

Where are you going?
어디 가세요?

I have a meeting with the boss.
사장님과 회의가 있어요.

employ
[임플러이]

동 고용하다

Cathy is applying to be a flight attendant.
캐시가 항공 승무원에 지원할 거야.

Do you employ older women?
나이 많은 여성도 고용하니?

dismiss
[디스미스]

동 해고하다, 면직하다

Why were you dismissed?
너는 왜 해고당했어?

They said I was too slow.
내가 너무 느리다고 하더라고.

retire
[리타이어]

동 퇴직하다, 은퇴하다

Dad turns 65 this year.
아버지께서 올해 65세가 되셔.

Is he going to retire?
은퇴하실 거래?

resign
[리자인]

동 사직하다

Amtech lost money again this year.
암테크가 올해 또 손해를 봤대.

The C.E.O. should resign.
최고경영자가 사임해야겠네.

full-time
[풀타임]

형/부 풀타임의

IKEA is looking for full-time workers.
이케아에서 풀타임 근무자를 찾고 있어.

Cool! I'll apply right away.
좋아! 바로 지원해야지.

part-time
[파-트타임]

형 파트타임의, 시간제의

How are you supporting yourself?
네 생계를 어떻게 꾸려가니?

I have two part-time jobs.
파트타임 일을 두 가지 해.

business
[비즈너스]

명 사업, 장사, 업무

What kind of business are you in?
너는 어떤 업무를 하고 있니?

I'm in sales.
나는 영업 분야에 있어.

buy
[바이]

동 사다, 구입하다

Why did you buy 2 sodas?
왜 탄산음료를 두 개나 샀어?

It was buy one, get one free.
1+1이었어.

cheap
[치입]

형 값이 싼

How about these sunglasses?
이 선글라스 어때?

No, they look cheap.
아니, 값싸 보여.

expensive
[익스펜시브]

형 비싼, 돈이 많이 드는

We took a cruise to Alaska last spring.
지난 봄에 크루즈를 타고 알래스카에 갔어.

Was it expensive?
비쌌어?

cost
[커-슷]

명 값, 비용 동 값이 ~이다

How much did that wine cost?
저 와인은 얼마였어?

About 30 dollars a bottle.
한 병에 30달러 정도.

money
[머니]

명 돈, 금전

Can I pay you money next week?
다음 주에 돈을 내도 될까요?

I guess that's okay.
괜찮을 것 같네요.

price
[프라이쓰]

명 값, 가격

How much is this picture frame?
이 액자는 얼마인가요?

The price is on the back.
가격은 뒤에 있습니다.

quality
[콰알러티]

명 질, 품질

Don't buy that one.
그건 사지 마.

Yeah, I know. The quality is poor.
그래, 알았어. 질이 안 좋네.

sell
[셀]

동 팔다

Do you sell headphones here?
여기에서 헤드폰을 파나요?

No we don't. Did you try Electro-Plus?
아니요. 일렉트로 플러스에 가 보셨나요?

worth
[워-쓰]

형 ~의 가치가 있는

Michael Jordan autographed this?
마이클 조던이 여기에 사인했다고요?

Yeah, it's worth a lot of money.
네, 엄청난 가치가 있죠.

deal
[디일]

명 거래 동 취급하다, 거래하다

It's hard to find a good deal these days.
요즘 좋은 상품 거래를 찾기 어려워.

There are some good deals online.
온라인에서 좋은 거래가 좀 있어.

scam
[스캠]

명 신용 사기

This ad says I can double my money in a week!
이 광고에서는 일주일 안에 내 돈을 갑절로 한대!

Ignore it. It's a scam.
무시해. 사기야.

07 사업과 상업 (1)

export
[익스퍼-트]

명 수출 동 수출하다

Where does your company export to?
당신 회사는 어디로 수출하나요?

China and India mostly.
대부분 중국과 인도입니다.

import
[임퍼-트]

명 수입 동 수입하다

We can't import from the U.S. anymore.
우리는 더 이상 미국에서 수입할 수 없어요.

I know. It's too costly.
알아요. 가격이 너무 비싸죠.

gain
[게인]

명 증가, 이득 동 얻다

Sannex gained more market share this year.
새넥스는 올해 시장 점유율이 올랐네요.

Yes, they're doing well.
네, 그들이 잘하고 있죠.

invest
[인베슷]

동 투자하다

Do you ever invest in the stock market?
주식에 투자한 적 있니?

Yeah but nothing high risk.
응, 하지만 위험이 크지 않았어.

tax
[택스]

명 세금 동 세금을 부과하다

Would you like a receipt?
영수증 드릴까요?

Yes please, for tax purposes.
네, 세금용으로요.

economical
[이-커나-미클]

형 경제적인, 실속 있는

City Council voted to double their salaries.
시의회가 급여를 두 배로 올리는 데 투표했어.

That's not very economical.
그건 별로 경제적이지 않은데.

advertise
[앳버타이즈]

동 광고하다

It costs a lot to advertise on TV.
TV에 광고하는 데 돈이 많이 들어요.

Then let's consider radio.
그러면 라디오를 고려해 봅시다.

charge
[차-쥐]

명 요금 동 청구하다

What do you charge for a private party?
개인 파티를 여는 데 얼마를 내죠?

For how many people?
몇 명이신가요?

donate
[도우네이트]

동 기증하다, 기부하다

How about a small donation?
작은 기부를 하는 게 어때요?

Our store only donates to local charities.
우리 가게는 지역 자선단체에만 기부해요.

insure
[인슈어]

동 보험에 들다

Did you insure the new delivery vans?
새 배달 차량에 보험을 들었어?

No. I'll call the agent right away.
아니. 지금 바로 보험사에 전화할게.

profit
[프라-핏]

명 이익 동 이익을 얻다

Businesses exist to make a profit.
사업은 이익을 창출이 있어.

But there's no guarantee.
하지만 보장이 없잖아.

break even
[브레익 이-븐]

(사업 등이) 본전치기를 하다

Was your restaurant profitable this year?
네 식당은 올해 이익을 봤니?

No, we just broke even.
아니, 그냥 본전이야.

cash
[캐쉬]

명 현금, 현찰

That will be 28 dollars and 30 cents.
28달러 30센트입니다.

I'm low on cash. Is credit card okay?
현금이 모자라는데요. 신용카드 되나요?

check
[첵]

명 수표

Will you take a check?
수표 받으시나요?

No, we don't accept checks here.
아니요, 저희는 수표를 받지 않습니다.

amount
[어마운트]

명 총액, 액수, 양

Can you lower the price?
가격을 깎아주실 수 있나요?

What amount were you thinking of?
얼마를 생각하시나요?

account
[어카운트]

명 계좌

Is there any money left in our account?
우리 계좌에 돈이 남아 있나?

There should be.
있어야 하는데.

discount
[디스카운트]

명 할인 동 할인하다

Do you have your discount card?
할인카드 가지고 있나요?

No, I left it at home.
아니요, 집에 두고 왔네요.

customer
[커스터머]

명 손님, 고객

The customer is king.
고객은 왕이죠.

That's a good motto.
좋은 모토네요.

bargain
[바-건]

명 흥정, (정상가보다) 싸게 사는 물건

Ace Billboards charges 800 dollars per month.
에이스 빌보즈는 매달 800달러에요.

That's a real bargain!
정말 싸게 샀네요!

동 흥정하다, 협상하다

I had to pay the full price for the equipment.
그 장비에 전액을 부담해야 했어.

You didn't bargain with them?
협상 안 했어?

guarantee
[개런티-]

명 품질보증서, 보장 동 보장하다

They can't guarantee same-day delivery.
당일 배송은 보장할 수 없대요.

That's disappointing.
그거 실망스럽네요.

reasonable
[리-즈너블]

형 합리적인, 타당한

The new supplier offered a 10% discount.
새 납품업체는 10% 할인을 제안했어요.

That sounds reasonable.
합당한 것 같아요.

asset
[애셋]

명 자산, 재산

What are your assets?
네 재산은 뭐야?

I own a car and some furniture.
차 한 대랑 약간의 가구를 갖고 있어.

liability
[라이어빌러티]

명 부채, 법적 책임

Do you have any liabilities?
부채를 갖고 있니?

Yes. I have a car loan and a mortgage.
응. 자동차 대출이랑 담보 대출이 있어.

UNIT

16

아이디어와 사건

IDEAS AND EVENTS

01 사건의 계획, 연구

investigate
[인베스티게이트]

동 조사하다, 수사하다

Police will investigate the accident.
경찰이 그 사건을 조사할 거야.

I wonder what caused it.
뭐가 원인인지 궁금하네.

demonstrate
[데먼스츠레이트]

동 입증하다, 시범을 보이다

Now I will demonstrate how hydro power works.
이제 수력이 어떻게 작동하는지 보여 드리겠습니다.

examine
[이그재민]

동 조사하다, 검사하다

What happens in an autopsy?
부검에서는 무슨 일이 일어나지?

Doctors examine bodies to see how they died.
의사들이 시체들이 어떻게 죽었는지 검사해.

report
[리퍼-트]

명 보도, 보고 동 알리다, 보도하다, 보고하다

Don't report the results until you're sure.
확실할 때까지 결과를 보고하지 마.

Sure. We don't want to panic anyone.
물론이지. 누구도 겁주고 싶지 않으니까.

record
[리커–드]

동 기록하다

You **recorded** your dog sleeping?
네 개가 자는 모습을 녹화했다고?

Yes. I wanted to study her sleeping habits.
응. 잠버릇을 연구하고 싶었어.

determine
[디터–민]

동 알아내다, 결정하다

Where will the annual meeting be held?
연례 회의는 어디에서 열리나요?

We haven't **determined** that yet.
아직 결정하지 못했어요.

estimate
명 [에스티멋]
동 [에스티메이트]

명 추정, 견적서 동 추정하다, 추산하다

How much snow do you think we'll get?
눈이 얼마나 올 거 같아?

I **estimate** about 50 centimeters.
50㎝ 정도로 예상되는데.

inquire
[인콰이어]

동 묻다, 알아보다

Where can we get a marriage license?
결혼 허가증을 어디서 얻을 수 있나요?

Why don't you **inquire** at City Hall?
시청에 문의해 보는 게 어때요?

predict
[프리딕트]

동 예측하다

Can scientists predict a solar eclipse?
과학자들이 일식을 예측할 수 있니?

Yes, they have a way to do it.
응, 방법이 있어.

prevent
[프리벤트]

동 막다, 방지하다

How can I prevent bears from eating my food?
곰이 내 음식 먹는 걸 어떻게 막을 수 있지?

Hang your food from a tall tree.
음식을 높은 나무에 걸어 놔.

test
[테슷]

명 시험, 테스트 동 시험하다, 테스트하다

Any news on the flexible phones?
플렉시블폰에 대한 소식 있니?

I think they're still testing them.
아직 그것들을 테스트 중인 것 같은데.

sample
[샘플]

명 표본, 샘플 동 시식하다, 시도해 보다

Would you like to sample our product?
저희 상품 시식해 보실래요?

Why not? Is this is a new dessert?
그거 좋죠. 이건 새 디저트인가요?

02 묘사와 연구 (1)

analyze
[애널라이즈]

동 분석하다, 분해하다

Did you analyze the data?
데이터를 분석했나요?

Yes, but I don't see any patterns.
네, 하지만 어떤 패턴도 보이지 않습니다.

choose
[추-즈]

동 선택하다, 고르다

How do I choose between science and art?
과학과 미술 중 어떻게 선택하지?

Which do you like better?
너는 어떤 걸 더 좋아하는데?

classify
[클래시파이]

동 분류하다

How would you classify a frog?
개구리를 어떻게 분류하나요?

It lives in water and on land. It's an amphibian.
개구리는 물과 땅에서 살지요. 양서류입니다.

compare
[컴페어]

동 비교하다

Can you compare Seoul and Busan?
서울과 부산을 비교할 수 있나요?

They're both big but Busan is more relaxed.
둘 다 큰 도시지만 부산이 더 여유로워요.

contrast
명 [카안츠래슷]
동 [컨츠래슷]

명 대조, 차이 동 대조하다, 비교하다

Contrast Earth and the Moon.
지구와 달의 차이를 비교해 봐.

Earth has evidence of life and the Moon doesn't.
지구에는 생명체의 증거가 있지만 달에는 없지.

deduce
[디두—쓰]

동 추정하다, 추론하다

Why do you think she's crying?
그녀가 왜 울고 있는 것 같니?

Based on her body language, I deduce that she lost her ring.
몸짓으로 보건대, 반지를 잃어버렸다고 추측해.

identify
[아이덴티파이]

동 확인하다, 발견하다

How did you know that bird type?
그 새의 종류를 어떻게 알았어?

I identified it by its color and markings.
색깔과 무늬로 구분했어.

notice
[노우티쓰]

동 ~을 의식하다, 주목하다

Did you notice how loud the concert was?
그 콘서트가 얼마나 시끄러웠는지 알았어?

What did you say?
무슨 말이야?

observe
[업저–브]

동 관찰하다, ~을 보다

Why are you observing ants?
너는 왜 개미들을 관찰하고 있니?

I'm trying to understand their behavior.
그것들의 행동을 이해하려고 노력 중이야.

prove
[프루–브]

동 증명하다, 판명되다

Why did the man go free?
그 남자는 왜 풀려난 거지?

Because his lawyer proved that he's innocent.
그의 변호사가 무죄를 밝혀냈거든.

repulsive
[리펄시브]

형 역겨운

What's the most repulsive thing you've ever seen?
네가 본 것 중에 가장 역겨운 게 뭐였어?

A man stealing from children.
아이 것을 훔친 사람.

hysteria
[히스츠리어]

명 히스테리, 과잉 흥분

There's a lot of hysteria over the recent election.
최근 선거에 몹시 과잉된 열기가 있어.

People need to take a deep breath.
사람들이 심호흡을 할 필요가 있어.

affair
[어페어]

명 일, 사업

What kind of affair is tonight's dinner?
오늘 밤 만찬은 어떤 종류지?

It's formal. Wear something dressy.
공식적인 자리야. 정장을 입어.

circumstance
[써–컴스탠쓰]

명 상황, 환경

It's cold. A storm is coming.
춥네. 폭풍이 오고 있어.

These aren't the best circumstances to play in.
놀기에 최상의 환경은 아니군.

cooperate
[코우아–퍼레이트]

동 협동하다, 협력하다

What's the secret of management?
경영의 비밀은 무엇인가요?

There's no secret. Everyone needs to cooperate.
비밀은 없어요. 모두가 협력해야 하죠.

evidence
[에비던쓰]

명 증거, 흔적

There is no evidence that aliens exist.
외계인이 존재한다는 증거는 없습니다.

fact
[팩트]

명 사실, 진상

Humans need water to survive.
인간은 생존하기 위해 물이 필요해.

Yes, that is a biological fact.
그래, 그게 생물학적 사실이지.

involve
[인바알브]

동 수반하다, 관련시키다

What does becoming a doctor involve?
의사가 되는 데 수반되는 게 뭐지?

Many years of studying.
오랜 시간 동안의 공부지.

mystery
[미스츠리]

명 수수께끼, 미스터리

Where is the Oak Island treasure buried?
오크 섬의 보물이 어디에 묻혀 있지?

No one knows. It's still a mystery.
아무도 모르지. 아직도 미스터리야.

opportunity
[아-퍼튜-너티]

명 기회

I'm glad I had the opportunity to perform on stage.
무대에서 공연할 기회를 가져서 기뻐요.

participate
[파–티씨페이트]

동 참가하다

I'm participating in a fundraising event.
모금 행사에 참여할 거야.

What are you raising money for?
뭐 때문에 모금하는데?

search
[서–취]

명 탐색, 수색 동 탐색하다, 찾아보다

Are they still searching for the lost man?
그들은 아직도 실종자를 찾고 있어?

No, actually they found him.
아니, 사실 그를 찾았대.

chaos
[케이아–스]

명 혼돈, 혼란

I saw the riot on television.
텔레비전에서 폭동을 봤어.

It was total chaos!
완전히 혼돈이군!

joke
[조우크]

명 우스개, 농담

Did you watch UFC last night?
어젯밤에 UFC 봤어?

It was a joke! McGregor should've won!
농담해! 맥그레거가 이겼겠지!

04 묘사와 연구 (3)

base
[베이스]

명 기초, 근거 동 ~에 근거하다

I can lift more weight than that.
그 이상의 무게를 들 수 있어.

Sure, but start with a base amount first.
물론, 하지만 먼저 기본부터 시작해.

chance
[챈쓰]

명 기회, 가능성

Is there a chance that Adam will come?
아담이 올 가능성이 있니?

No, there's no chance.
아니, 가능성이 없어.

detail
[디-테일]

명 세부 사항

Your drawing has a lot of detail.
네 그림에는 많은 세부적인 것들이 있군.

I wanted the faces to look real.
진짜처럼 보이는 표정들을 원했거든.

intend
[인텐드]

동 의도하다, 생각하다

I don't intend to be single all my life.
나는 평생 독신으로 살려는 것은 아닙니다.

method
[메쎗]

명 방법, 방식

What's the best way to study?
가장 좋은 공부법은 뭐지?

Use the method that most works for you.
너한테 가장 효과적인 방법을 써.

postpone
[포우슷포운]

동 연기하다, 미루다

The final chess match is postponed.
체스 결승전은 연기됐어.

That's the second time.
두 번째잖아.

process
[프라–쎄스]

명 과정

How do you make wine?
와인을 어떻게 만드나요?

Actually, it's an interesting process.
사실, 흥미로운 과정이죠.

purpose
[퍼–퍼스]

명 목적, 의도

What is the purpose of this experiment?
이 실험의 목적은 무엇인가요?

subject
[섭젝트]

명 주제, 사안

What's the subject of today's lesson?
오늘 수업의 주제는 무엇인가요?

Religions of the world.
세계의 종교입니다.

technique
[텍니익]

명 기술

I'm taking a CPR course tonight.
나는 오늘 밤 심폐소생술 수업을 들을 거야.

Great! You'll learn some lifesaving techniques.
멋지네! 인명 구조 기술을 배우겠구나.

abrupt
[업럽트]

형 돌연한, 갑작스런

The stock market dropped 80 points in 3 minutes.
주식 시장이 3분 만에 80포인트나 떨어졌어.

That's abrupt.
갑작스럽군.

glorious
[글러-리어스]

형 영광스러운, 장엄한

I love the Pan American Games.
나는 범미주 경기 대회를 좋아해.

The opening ceremony was glorious!
오픈식은 장엄했지!

05 묘사와 연구 (4)

attitude
[애티투–드]

명 태도, 사고방식

Edwin is the perfect leader for this group.
에드윈은 이 그룹의 완벽한 리더야.

He has a very positive attitude.
매우 긍정적인 태도를 가졌지.

concept
[카안쎕트]

명 개념

We're changing our concept for the bar.
바의 컨셉트를 바꾸는 중이야.

How about a rock and roll bar?
록앤롤 바는 어때?

example
[이그잼플]

명 예, 본보기

What's an example of a dangerous mammal?
위험한 포유류의 예는 뭐가 있지?

Humans.
인간이지.

motive
[모우티브]

명 동기, 이유

He set his own house on fire? What was his motive?
그가 자기 집에 불을 질렀어? 이유가 뭐였어?

He wanted the insurance money.
보험금을 원했대.

opinion
[어피년]

명 의견, 견해

What's your opinion about cell phones in school?
학교에서 휴대전화 사용에 대한 당신의 의견은 어때요?

I think they should be banned.
금지되어야 한다고 생각합니다.

plan
[플랜]

명 계획 동 계획을 세우다

Does the city have a plan for the new highway?
그 도시에 새 고속도로를 위한 계획이 있나?

Yes. They will announce it next week.
네. 다음 주에 발표할 겁니다.

point
[퍼인트]

명 의견, 요점

What's the point of hiring more teachers?
교사 추가 채용의 요점은 무엇인가요?

It's to make class sizes smaller.
학급 크기를 더 줄이기 위함이죠.

property
[프라–퍼티]

명 재산, 소유물

This is private property. No trespassing.
여기는 사유지입니다. 출입 금지예요.

Sorry, I didn't know.
미안해요, 몰랐어요.

theory
[씨-어리]

명 이론, 학설

How do you think the universe was created?
우주가 어떻게 만들어졌다고 생각하니?

I believe in the Big Bang theory.
나는 빅뱅 이론을 믿어.

noble
[노우블]

형 고귀한, 웅장한

A billionaire gave all his money to charity.
한 억만장자가 그의 모든 돈을 기부했어.

What a noble act!
고귀한 행동이구나!

suggest
[서제슷]

동 제안하다, 추천하다

This article suggests that ocean levels are falling.
이 기사는 해수면이 낮아지고 있다고 시사하는데.

Where does it suggest that? Show me.
어디에서 그러는데? 나 좀 보여 줘.

effect
[이펙트]

명 결과, 효과

Will the storm have any effect on the concert?
폭풍이 그 콘서트에 영향을 줄까?

No, the concert will go on.
아니, 콘서트는 계속될 거야.

situation
[시츄에이션]

명 상황, 사태

What's the situation with them?
그들은 어떤 상황인가요?

They're disappointed after their loss.
패배한 후 실망했어요.

stage
[스테이쥐]

명 시기, 단계, 무대

How's the project going?
프로젝트는 어떻게 돼 가고 있어?

We're only in the planning stage.
겨우 기획 단계일 뿐이야.

type
[타입]

명 형태, 종류, 유형

The animation festival is showing all types of animation.
그 애니메이션 축제는 모든 유형의 애니메이션을 보여 준다.

resource
[리-서-쓰]

명 자원, 자산, 재산

We need human resources : workers and supervisors.
우리는 인적 자원이 필요합니다. 노동자와 감독자요.

exceed
[익씨잇]

동 넘다, 초과하다

Our costs exceed our revenues.
우리 비용이 수입을 초과했어.

That's bad news.
그거 안 좋은 소식이네.

delay
[딜레이]

명 지체, 연기 동 미루다, 연기하다

There's a delay on the Hudson Bridge.
허드슨 다리 위에서 지체되는데.

There was probably an accident.
아마 사고가 있었나 봐.

crisis
[크라이시스]

명 위기, 최악의 고비

The situation is at a crisis.
상황이 위기에 처했어.

Call a meeting right away.
바로 회의를 소집해.

fault
[퍼얼트]

명 결점, 장애

Whose fault is the crash?
그 사고는 누구의 잘못이지?

The police are investigating.
경찰이 조사 중이야.

run out
[런 아웃]

다 떨어지다

What a huge restaurant opening!
엄청난 식당 개업식이네!

I hope they don't run out of food.
음식이 다 떨어지지 않으면 좋겠는데.

overtime
[오우버타임]

명 초과 근무, 야근

I'd like to finish this job tonight.
오늘 밤에 이 일을 끝내고 싶어.

Then we'll have to work overtime.
그럼 야근해야 해.

hiccup
[히컵]

명 딸꾹, 딸꾹질, (약간의) 지연 동 딸꾹질을 하다

Bruno will be 10 minutes late.
브루노는 10분 늦을 겁니다.

That's a minor hiccup. I'll start the presentation.
그건 조금 늦는 건데요. 발표를 시작할게요.

07 상황의 전개 (2)

supply
[서플라이]

명 공급 동 공급하다

Our supply of printer ink is low.
프린터 잉크 공급이 부족해.

I'll order some more.
좀 더 주문해야겠네.

way
[웨이]

명 방법, 길

What's the best way to increase sales?
판매를 늘리는 가장 좋은 방법이 뭐지?

Attract new customers.
새로운 고객을 끌어야지.

variety
[버라이어티]

명 다양성, 여러 가지

I'm looking for winter boots.
겨울 부츠를 찾고 있어요.

This way. We have a variety of styles.
이쪽으로 오세요. 다양한 스타일이 있습니다.

factor
[팩터]

명 요소, 요인

Why did Moscow get the 2030 Olympics?
왜 모스크바가 2030년 올림픽을 딴 거지?

There are many factors involved.
많은 요소가 포함되어 있어.

characteristic
[캐럭터리스틱]

명 특성, 특질 형 특유한

What characteristics describe you?
너를 설명하는 특징은 무엇이니?

Hard working, friendly, honest...
일을 열심히 하고 친절하고, 정직하고…

feature
[피–처]

명 특징, 두드러진 점

There are no new features on this tablet.
이 태블릿 피시에는 새로운 특징이 없는데.

Doesn't it have more memory?
메모리가 추가된 거 아니야?

result
[리절트]

명 결과, 결말 동 발생하다

What's the result of the election?
선거 결과는 어떻게 됐지?

Anderson won.
앤더슨이 승리했어.

period
[피리엇]

명 기간, 시기 형 시대의

Do you have a favorite period in history?
역사에서 좋아하는 시기가 있어?

The 1900s.
19세기.

past
[패숏]

명 과거, 지난날 형 지나간

The past is history. Look to the future.
과거는 역사야. 미래를 봐.

I've heard that before.
그 말은 전에도 들었어.

catch up with
[캐취 업 위드]

따라잡다; 체포하다

The Jays are winning 10 to 2.
제이스가 10대 2로 이기고 있어.

The Sox will never catch up with them.
삭스는 절대 따라잡지 못할 거야.

behind
[비하인드]

전 뒤에 부 뒤떨어져

We're three weeks behind schedule.
스케줄보다 3주가 뒤떨어졌어.

Maybe I can work some weekends.
아마 주말에 좀 일할 수 있을 거야.

pretend
[프리텐드]

동 ~인 척하다, (사실이 아닌 것을) 주장하다

I can't find the project file.
프로젝트 파일을 못 찾겠어.

I'll pretend I never heard that.
나는 그걸 들어 본 적 없는 척 해야지.

UNIT

17

사물의 성질

THE NATURE OF THINGS

01 사물의 상태

appear
[어피어]

동 ~인 것 같다, 나타내다

What's across the street?
길 건너편에 뭐지?

It **appears** to be an ice-cream truck.
아이스크림 트럭이 있는 것 같은데.

become
[비컴]

동 ~이 되다

What a cute caterpillar!
정말 귀여운 애벌레네!

Soon it'll **become** a butterfly.
곧 나비가 될 거야.

burn
[버언]

동 타오르다, 불에 타다

How did you **burn** your hand?
어쩌다가 손을 덴 거야?

I was cooking on the stove.
요리하다가 스토브에 데었지.

finish
[피니쉬]

명 끝내다, 마치다

I can't **finish** my steak.
스테이크를 다 못 먹겠어.

I told you to just order a 10 oz.
10온스짜리로 주문하라고 했잖아.

happen
[해펀]

동 일어나다, 발생하다

What happens in the winter?
겨울에 무슨 일이 일어나지?

Birds fly south where it's warm.
새들이 따뜻한 남쪽으로 날아가지.

last
[래슷]

동 계속하다, 지속하다

How long does the play last?
그 경기는 얼마 동안 계속되니?

About an hour.
한 시간 정도.

remain
[리메인]

동 계속 ~이다, 잔류하다

How long will you remain in Korea?
한국에 얼마 동안 머무를 거야?

Probably two more years.
아마도 2년 더.

seem
[시임]

동 보이다, ~인 것 같다

You seem worried today.
오늘 걱정이 있어 보이는구나.

My friend is having surgery.
친구가 수술 받고 있어.

start
[스타-트]

명 출발 동 시작하다, 출발하다

When did you start studying English?
언제 영어 공부를 시작했어?

Last month.
지난달에.

suit
[수웃]

동 편리하다, 어울리다

That hat looks great on you!
저 모자는 너한테 잘 어울리는데!

I think it suits me.
나도 나한테 어울린다고 생각해.

be in mint condition
[비- 인 민트 컨디션]

새것이나 다름없다

This is the first Superman comic ever made!
이건 첫 번째로 만들어진 슈퍼맨 만화책이야!

And it's in mint condition! Whoa!
그리고 상태가 양호한데! 와!

wreck
[렉]

명 만신창이 동 망가뜨리다, 파괴하다

Do you like my car? I bought it from Doug.
내 차 마음에 들어? 더그한테 샀어.

What a wreck!
만신창이잖아!

fine
[파인]

형 좋은, 훌륭한, 미세한

How was your pasta?
네 파스타는 어땠어?

It was a bit salty but fine.
좀 짰지만 좋았어.

like
[라이크]

형 ~와 비슷한, ~와 같이

What a strange blanket.
이상한 담요네.

It feels like leather.
가죽 같은 느낌이야.

pure
[퓨어]

형 순수한

Is this pure orange juice?
이것은 순 오렌지 주스인가요?

It says 100% pure on the carton.
포장에 순 100%라고 써 있네요.

delicate
[델리커트]

형 연약한, 부서지기 쉬운, 섬세한

That box contains delicate items.
저 박스는 부서지기 쉬운 물건을 담고 있어요.

I'll be careful.
주의할게요.

straight
[스츠레잇]

㉻ 곧은, 똑바른 ㊊ 똑바로

Do you like my table? I built it!
내 탁자 좋아? 내가 만들었어!

Well, the sides aren't really straight.
음, 측면이 곧지 않은데.

same
[세임]

명/대 동일인, 같은 것 ㉻ 같은, 동일한

I'll have the beef and potatoes, please.
저는 소고기와 감자로 할게요.

And I'll have the same.
그럼 저도 같은 걸로 주세요.

sharp
[샤프]

㉻ 예리한, 날카로운

This knife isn't very sharp.
이 칼은 별로 예리하지 않아.

Use the other one.
다른 걸 써.

similar
[시멀러]

㉻ 비슷한, 유사한

Do you like our new oven?
너는 우리 새 오븐 좋아?

Oh yeah. My mom has a similar one.
응. 엄마가 비슷한 걸 갖고 계셔.

solid
[사알릿]

명 고체, 고형물 형 단단한, 견고한

Don't buy that bookshelf.
저 책장은 사지 마.

I know. It's not very solid.
알아. 별로 견고하지 않아.

firm
[퍼엄]

형 딱딱한, 단단한, 굳은

Those tomatoes are too soft.
이 토마토들은 너무 부드러워.

There are some firm ones over here.
여기 좀 단단한 것들도 있어.

organic
[어-개닉]

형 유기농의

Why are these blueberries more expensive?
이 블루베리들은 왜 더 비싸지?

They're organic.
유기농이거든.

man-made
[맨메이드]

형 인공의

So this lake is man-made?
그래서 이건 인공호야?

Yeah. It wasn't here two years ago.
응. 2년 전에는 여기 없었어.

03 묘사와 비교 (2)

chemical
[케미클]

명 화학 물질 형 화학의, 화학 작용의

You stopped smoking cigarettes?
너는 담배 끊은 거야?

Yeah. There are too many harmful chemicals in them.
응. 담배에는 해로운 화학 물질이 너무 많아.

substance
[섭스턴쓰]

명 물질

This drug is legal in some places.
이 약은 일부 장소에서는 합법입니다.

But it's an illegal substance here.
하지만 여기에서는 불법 물질이죠.

artificial
[아-티피셜]

형 인조의, 인위적인

Is this real animal fur?
이건 진짜 동물의 털이야?

No, I think it's artificial.
아니, 인조 털 같은데.

identical
[아이덴티클]

형 동일한, 똑같은

I have the identical skirt!
나도 똑같은 스커트가 있어!

Well, don't wear it tonight.
음, 오늘 밤엔 입지 마.

different
[디퍼런트]

㊌ 다른, 차이가 나는

How are your parents different?
너희 부모님은 어떻게 달라?

My mom loves sports. Dad doesn't.
엄마는 스포츠를 좋아해. 아빠는 싫어하지.

ordinary
[어-디네리]

㊌ 보통의, 평범한

Where do you live?
너는 어디 사니?

Nowhere special. Just an ordinary town.
특별한 곳은 아니야. 그냥 평범한 마을이지.

possible
[파-서블]

㊐ 가능성, 가능한 일 ㊌ 가능한, 할 수 있는

Living until 120 isn't possible.
120세까지 사는 건 불가능해.

With advances in medicine, I'm sure it's possible.
의학의 진보로, 가능할 거라고 확신해.

real
[리-얼]

㊌ 실제의, 진짜의

Is this a real Van Gogh?
이건 진짜 반 고흐야?

It costs $50. What's do you think?
50달러짜리야. 어떻게 생각해?

slight
[슬라잇]

형 약간의, 가냘픈

Are those two wines the same?
저 두 와인은 같은 거야?

No, there's a slight difference in sweetness.
아니, 단 맛에서 약간 차이가 있어.

strange
[스츠레인쥐]

형 이상한, 낯선

Ted's father is so strange.
테드 아버지는 아주 이상해.

Yeah, I like your father better.
응, 나는 너희 아버지가 더 좋아.

liquid
[리퀴잇]

명 액체 형 액체 형태의

What kind of liquid is this?
이건 무슨 액체야?

It's laundry detergent.
세탁 세제야.

gas
[개스]

명 가스 동 중독시키다

Dad bought a new gas barbecue.
아빠가 바비큐 가스를 새로 사오셨어.

Is it better than the charcoal one?
숯보다 좋아?

04 묘사와 비교 (3)

design
[디자인]

명 설계, 디자인 동 설계하다

There's the Guggenheim.
구겐하임 미술관이야.

It has a very futuristic design.
아주 미래적인 디자인이네.

manufacture
[매뉴팩쳐]

동 제조하다, 만들다

Do you know Henry Ford?
헨리 포드 아니?

Didn't he manufacture cars in the early 1900s?
1900년대 초반에 자동차를 생산했지?

produce
[프러듀–쓰]

동 생산하다

What does Heinz produce?
하인즈가 뭘 생산하지?

Ketchup and canned food mostly.
대부분 케첩이랑 캔 음식이지.

exist
[이그지슷]

동 존재하다

I want a house that never gets dirty.
절대 더러워지지 않는 집을 갖고 싶어.

That doesn't exist.
그런 건 존재하지 않아.

situate
[시츄에이트]

동 위치시키다

Where's the Citadel fortress?
시타델 요새가 어디 있지?

It's situated at the top of Citadel Hill.
시타델 언덕 꼭대기에 있어.

organize
[어-거나이즈]

동 준비하다, 조직하다

So this is your stamp collection?
그래서 이게 네 우표 수집본이야?

Yes. I organized them by country and year.
응. 나라랑 연도별로 정리했어.

locate
[로우케이트]

동 ~의 정확한 위치를 찾아내다, 두다

I can't locate Bell Lake.
벨 호수를 못 찾겠어.

It's south of Humber Park.
험버 공원 남쪽에 있어.

enclose
[인클로우즈]

동 에워싸다, 둘러싸다

The castle's enclosed by a wall.
그 성은 벽으로 둘러싸여 있어.

So where's the entrance?
그러면 입구는 어디야?

consist of

[컨시슷 어브]

~로 구성되다

What's in beer?
맥주에는 뭐가 들어 있지?

It consists of water, grain, hops and yeast.
물, 곡물, 호프, 그리고 이스트가 들어 있어.

surround

[서라운드]

동 둘러싸다, 포위하다

My province is surrounded by water.
우리 동네는 물로 둘러싸여 있어.

You live on an island?
너는 섬에 살고 있는 거야?

microscopic

[마이크러스카-픽]

형 미세한, 현미경을 이용한

This bug is almost microscopic.
이 벌레는 거의 미세한데.

Give me your magnifying glass.
네 확대경 좀 줘.

dent

[덴트]

동 찌그러뜨리다

How much are these dented cans of food?
이 오목한 음식 통조림은 얼마예요?

They're half price.
반값입니다.

05 자연의 성질과 구조

original
[어리저늘]

형 본래의, 최초의

This doesn't look like a school.
이건 학교 같아 보이지 않는데.

The original building was a hospital.
원래 건물은 병원이었어.

object
[아압젝트]

명 물체, 물건

What's that pointy object?
저 뾰족한 물건은 뭐지?

It's a sea shell.
조개야.

material
[머티리얼]

명 재료 형 물질의, 물질적인

What material is your jacket?
네 재킷은 재료가 뭐지?

It's suede. It feels nice, doesn't it?
스웨이드야. 느낌이 좋아, 그렇지 않아?

interior
[인티리어]

명 내부

Beautiful home. I love the interior.
아름다운 집이네. 내부가 좋아.

Yes, it's very spacious.
응, 아주 넓네.

exterior
[익스티리어]

명 외부, 외관

The exterior walls are cracked.
외부 벽이 금이 갔어.

We'll have to repair them.
수리해야겠네.

structure
[스츠럭쳐]

명 구조, 구성

That's an impressive structure.
인상적인 구조네.

It's by Gaudi.
가우디가 만든 거야.

simple
[심플]

형 단순한, 쉬운

I like your phone, simple but elegant.
네 전화기가 좋아. 단순하지만 우아해.

Yeah, I appreciate simplicity.
그래, 난 단순함의 진가를 알지.

visible
[비저블]

형 (눈에) 보이는, 알아볼 수 있는

Where's your treehouse?
네 나무집은 어디 있어?

It isn't visible from here. Come on!
여기에서는 안 보여. 이리 와!

silent
[사일런트]

형 조용한, 말수가 적은

Can we walk through the cathedral?
성당을 통과해서 걸어가도 되나요?

Yes, but please be silent.
네, 하지만 조용히 해 주세요.

hollow
[할로우]

명 구멍, 움푹 들어간 곳 형 속이 빈, 공허한

Are those Greek statues marble?
저 그리스 조각들은 대리석인가요?

No, just plaster. And they're hollow.
아니요, 그냥 석고상이에요. 그리고 안이 비어 있죠.

plastic
[플라스틱]

명 플라스틱

How about these plastic chairs?
이 플라스틱 의자는 어때요?

Well, they're cheap but poor quality.
음, 싸지만 품질이 안 좋아요.

rust
[러슷]

명 녹 동 녹슬다

Ben's toy truck is rusted.
벤의 장난감 트럭은 녹슬었어.

Did he leave it outside in the rain?
걔는 그걸 비오는 데 밖에 뒀어?

06 기계

machine
[머쉬인]

명 기계

I rented a carpet cleaning machine.
카펫 청소기를 빌렸어.

Can I borrow it?
내가 빌려도 돼?

tool
[투울]

명 도구, 공구

Can you lend me a screwdriver?
드라이버 좀 빌려 줄래?

Sorry, Brian has all my tools.
미안, 브라이언이 내 공구를 다 가지고 있어.

electric
[일렉츠릭]

형 전기의

This saw is old and rusty.
이 톱은 낡고 녹슬었어.

Use my electric saw. It's much better.
내 전기 톱을 써. 그게 훨씬 더 좋아.

device
[디바이쓰]

명 (고안된) 장치

Do kids really need smartphones?
아이들에게 진짜 스마트 폰이 필요할까?

Well, it is a useful device.
글쎄, 유용한 장치니까.

appliance
[어플라이언쓰]

명 기기

What kitchen appliances do you sell?
어떤 부엌 용품을 판매하시나요?

Ovens, refrigerators, microwaves...
오븐, 냉장고, 전자레인지…

equipment
[이큅먼트]

명 장비, 용품

Are you ready to record?
녹음할 준비 됐어?

No, I forgot the sound equipment at school.
아니, 음향 장비를 학교에 두고 왔어.

instrument
[인스츠러먼트]

명 기구, (기계에서 측정용) 계기

What instrument measures temperature?
어떤 기구가 온도를 측정하지?

Uhh... a thermometer.
어… 온도계요.

technical
[텍니클]

형 기술적인

Do you know much about computer programming?
컴퓨터 프로그래밍에 대해 많이 아니?

No, I'm not a very technical person.
아니, 나는 별로 기술적인 사람이 아니야.

power
[파워]

동 작동시키다

Is that a gas lawnmower?
저건 가스 잔디 깎는 기계니?

No, it's powered by electricity.
아니, 전기로 작동돼.

digital
[디지털]

형 디지털의

What's the benefit of a digital camera?
디지털 카메라의 좋은 점이 뭐야?

You don't have to buy camera film.
카메라 필름을 사지 않아도 되지.

mechanical
[머캐니클]

형 기계적인, 기계를 잘 아는

Uncle Joe can fix anything mechanical.
조 삼촌은 기계와 관련된 건 아무거나 고칠 수 있어.

That's a useful skill.
그거 유용한 기술이네.

UNIT

18

행동과 변화

ACTION AND CHANGE

01 성질, 특성, 상태 (1)

act
[액트]

명 행동 동 행동을 취하다

Do you act professionally at work?
너는 직장에서 전문적으로 일하니?

Most of the time.
대부분 그래.

affect
[어펙트]

동 영향을 미치다

Have your children affected your life?
아이들이 네 삶에 영향을 미쳤니?

Of course. I'm much busier now.
물론이지. 지금 훨씬 더 바빠.

approach
[어프로우취]

명 접근 동 접근하다, 다가가다

What's your approach to managing employees?
직원들을 관리하는 네 접근법은 뭐야?

Be friendly but strict.
친절하지만 엄격하게 하지.

attract
[어츠랙트]

동 마음을 끌다, 끌어들이다

What do you look for in a girlfriend?
네가 좋아하는 이상형의 여자 친구는?

I'm attracted to confident women.
나는 자신감 있는 여성에게 끌리더라.

depend
[디펜드]

동 의존하다, 의지하다

I need some people I can trust.
나는 신뢰할 수 있는 사람이 필요하네.

You can depend on me, sir.
제게 의지하셔도 됩니다.

emit
[이밋]

동 내뿜다

The engine's emitting a strange smell.
엔진이 이상한 냄새를 풍기는데.

When did this start?
언제 시작됐는데?

manage
[매니쥐]

동 (어려운 일을) 간신히 해내다

It's hard to manage a career and a family.
일과 가정을 모두 관리하는 건 힘들지.

So how do you do it?
그래서 너는 어떻게 해?

react
[리액트]

동 반응하다

He doesn't react well to bad news.
그는 나쁜 소식에 반응이 좋지 않다.

show
[쇼우]

동 보여 주다, 증명하다

Dance class was so much fun!
댄스 수업은 아주 재미있었어!

Alright, show me what you learned.
좋아, 네가 배운 걸 보여 줘.

vary
[배리]

동 서로 다르다

How are your allergies?
네 알레르기는 어때?

They vary from season to season.
계절마다 달라.

fundamental
[펀더멘틀]

형 근본적인

Why should I learn about proportion?
비례를 왜 배워야 해?

Because it's fundamental to figure drawing.
인물 스케치에서 기본이니까.

secure
[서큐어]

형 확실한, 안심하는

The furniture is loaded in the truck.
가구를 트럭에 실었어.

It doesn't look very secure. Get me a rope.
안심할 수 없을 것 같은데. 줄을 줘 봐.

02 성질, 특성, 상태 (2)

absorb
[업저업]

동 흡수하다, 빨아들이다

Do you like these new diapers?
이 새 기저귀 좋아?

They're terrible at **absorbing** water.
물을 흡수하는 데 최악이야.

actual
[액츄얼]

형 사실상의, 실제의

What's the **actual** height of the tunnel?
그 터널의 실제 높이는 어때?

9.4 meters.
9.4m야.

change
[체인쥐]

동 바꾸다, 변하다

Change can be stressful.
변화는 스트레스가 될 수 있어.

But we can't avoid it.
하지만 우리는 피할 수 없지.

collapse
[컬랩스]

명 붕괴, 실패 동 붕괴하다, 무너지다

Part of Windsor Bridge **collapsed**.
윈저 다리의 일부가 무너졌어.

Because it wasn't built properly.
제대로 건설되지 않아서 그래.

combine
[컴바인]

동 결합하다, 갖추다

Don't combine those chemicals.
저 화학 물질들은 섞지 마.

Why? What will happen?
왜? 무슨 일이 일어나는데?

connect
[커넥트]

동 연결하다

Now connect the cable to the television.
이제 케이블을 텔레비전에 연결해.

Like this?
이런 식으로?

form
[퍼–엄]

동 형성되다, 만들어 내다

The dough is ready.
반죽이 준비됐어.

Great. Now form it into a ball.
좋아. 이제 공 모양으로 만들어.

limit
[리밋]

명 한계, 제한 동 제한하다

I need to lose more weight.
살을 더 빼야 해.

Limit the amount of soda you drink.
네가 마시는 탄산음료의 양을 제한해.

position
[퍼지션]

명 위치, 입장 동 (특정한 위치에) 두다

Teach me some yoga.
요가 좀 가르쳐 줘.

Okay. Position your body like this.
좋아. 몸을 이렇게 해.

out of it
[아웃 어브 잇]

지친, 컨디션이 아닌

Did you hear me? I was talking to you.
내 말 들었어? 내가 말했잖아.

Sorry. I'm a little out of it today.
미안해. 오늘 좀 지쳤어.

plug in
[플럭 인]

~의 플러그를 꽂다

The TV's broken!
텔레비전이 망가졌어!

No, it's not plugged in.
아니야, 플러그를 꽂지 않았어.

unplug
[언플럭]

동 플러그를 뽑다

Why did you unplug the lamp?
왜 램프 플러그를 뽑았니?

I smelled something burning.
뭔가 타는 냄새가 났어.

03 성질, 특성, 상태 (3)

store
[스터-]

동 저장하다

Are you ready for the typhoon?
태풍에 대한 대비는 했어?

Yes, I stored some food in the basement.
응, 지하실에 음식을 저장해 뒀어.

leave
[리-브]

동 떠나다, 그만두다

Why did Candy leave her job?
캔디는 왜 일을 그만뒀지?

She wasn't treated fairly.
정당하게 대우받지 못했거든.

melt
[멜트]

동 녹다, 누그러뜨리다

Is it safe to skate on the lake?
호수에서 스케이트 타는 건 안전하니?

No, the ice is melting.
아니, 얼음이 녹고 있어.

freeze
[프리-즈]

동 얼다, 얼리다

The streets are slippery.
길이 미끄러워.

It got cold last night. The snow froze.
어젯밤에 얼어 버렸거든. 눈이 얼었어.

avoid
[어버잇]

동 방지하다, 피하다

The river flooded again.
강이 다시 범람했어.

I'll avoid that area today.
오늘 그 지역을 피해 갈 거야.

cover
[커버]

명 덮개, 커버 동 가리다, 덮다

The warm weather is over.
따뜻한 날씨는 끝났네.

Should I cover the swimming pool?
수영장을 덮어야 할까?

gradual
[그래쥬얼]

형 점진적인, 완만한

Learning is a gradual process.
배움이란 점진적인 과정이지.

Sure. It took me years to learn the violin.
물론. 나는 바이올린을 배우는 데 수년 걸렸어.

deteriorate
[디터리어레이트]

동 악화되다, 더 나빠지다

This is an old cabin.
이건 오래된 오두막이네.

The wood is deteriorating.
나무가 더 나빠지고 있어.

go bad

[고우 뱃]

썩다, 나빠지다

The cheese is covered with mold.
치즈가 곰팡이로 뒤덮였어.

It wasn't wrapped so it went bad.
싸놓지 않아서 상한 거야.

decay

[디케이]

명 부패, 쇠퇴 동 부패하다, 썩다

Is that a dead bird?
저건 죽은 새야?

Yes. It's been decaying for about a week.
응. 일주일 정도 부패했는데.

acidic

[어씨딕]

형 매우 신, 산성의

You don't like the juice?
주스 안 좋아해?

It's too acidic for me.
나한텐 너무 시어.

congested

[컨제스팃]

형 혼잡한, 충혈된, 점액으로 막힌

You sound congested.
너 코막힌 소리를 내는데.

I'm still fighting a cold.
아직 감기랑 싸우고 있거든.

advance
[애드밴쓰]

명 전진, 진보 동 다가가다, 진전을 보이다

I'd like to advance in the company.
회사에서 승진하고 싶어.

Keep working hard then.
그러면 계속 열심히 일해.

continue
[컨티뉴-]

동 계속되다

Is his health improving?
그의 건강은 나아지고 있어?

No, he continues to lose his memory.
아니, 계속 기억을 잃어가고 있어.

contribute
[컨츠리뷰-트]

동 기부하다, ~한 원인이 되다

How can I contribute to my community?
어떻게 우리 지역 사회에 공헌할 수 있을까?

Volunteer at the church.
교회에서 봉사 활동을 해.

create
[크리에이트]

동 창조하다

I wish there was a website for the subway.
지하철을 위한 웹사이트가 있으면 좋겠어.

You can create it, couldn't you?
네가 만들면 되지, 그렇지 않아?

devise
[디바이즈]

동 창안하다

The government should devise a solution for traffic problem.
정부는 교통 문제에 대한 해결책을 강구해야 한다.

dispose
[디스포우즈]

동 배치하다

Dispose of those bottles in the recycling bin.
재활용 쓰레기통 안에 저 병들을 처리해.

Where do I put cardboard?
판지는 어디에 놓을까요?

enable
[인에이블]

동 ~을 할 수 있게 하다

What's the ramp for?
그 경사로는 뭘 위한 거지?

To enable people with wheelchairs to come in.
휠체어를 탄 사람들이 들어오도록 하려고.

flow
[플로우]

명 흐름, 이동 동 흐르다

Look at that!
저것 봐!

Wow, the stream is flowing backwards.
와, 시냇물이 뒤쪽으로 흐르고 있어.

ruin
[루–인]

명 붕괴, 몰락 동 망치다, 엉망으로 만들다

Sorry I ruined dinner.
저녁 식사를 망쳐서 미안해.

It's a little burnt but it's still okay.
좀 탔지만 그래도 괜찮아.

spoil
[스퍼일]

동 망치다, 못쓰게 만들다

Can I tell Dad our secret?
아빠한테 우리 비밀을 얘기해도 될까?

No, don't spoil the surprise.
아니, 깜짝 파티를 망치지 마.

update
[업데이트]

동 갱신하다

I just updated my virus protection.
나는 방금 바이러스 방지 프로그램을 갱신했다.

service
[서–비쓰]

명 서비스 동 점검하다, 제공하다

Where's your computer?
네 컴퓨터 어디 있어?

I'm having it serviced.
점검하고 있어.

05 성질, 특성, 상태 (5)

bend
[벤드]

명 굽이, 굽은 곳 동 굽히다

Don't bend the spoons!
숟가락을 구부리지 마!

I'm testing my strength.
내 힘을 시험하고 있어.

crack
[크랙]

명 (무엇이 갈라져 생긴) 금 동 금이 가다, 깨지다

My cup is leaking.
내 컵이 깨졌어.

Because there's a crack on the bottom.
바닥에 금이 가 있으니까.

decrease
명 [디-크리-스]
동 [디크리-스]

명 감소, 하락 동 줄다, 감소시키다

The hair shop is losing money.
미용실이 적자야.

Do you think they'll decrease your pay?
그들이 네 급여를 줄일 거 같아?

disintegrate
[디신티그레이트]

동 분해되다, 붕괴되다

My bicycle is disintegrating.
내 자전거가 해체되고 있어.

Why did you leave it outside all winter?
왜 겨울 내내 밖에 뒀니?

expand
[익스팬드]

동 확대되다, 확장시키다

When water freezes, it expands.
물이 얼면, 팽창해.

That's basic chemistry.
그건 기초 화학이지.

explode
[익스플로우드]

동 폭발하다, 터지다

Where's your soda?
네 탄산음료는 어디 있어?

I threw the can and it exploded.
캔을 던졌더니 폭발했어.

increase
명 [잉크리-스]
동 [인크리-스]

명 증가, 인상 동 증가하다, 인상되다

Crime is increasing.
범죄가 증가하고 있어.

Urban crime, rural crime or both?
도시의 범죄? 시골의 범죄? 아니면 둘 다?

indicate
[인디케이트]

동 나타내다, 보여 주다

What does the graph indicate?
그 그래프가 무엇을 나타내지?

Those students' writing skills are falling.
학생들의 작문 능력이 떨어지고 있다는 걸.

occur
[어커ー]

동 일어나다, 발생하다

Experts say China will have the largest economy.
전문가들은 중국이 최대 경제 대국이 될 거래.

When is that supposed to occur?
그게 언제 일어날까?

tend
[텐드]

동 ~하는 경향이 있다

Electricity rates are rising.
전기 요금이 오를 거야.

That tends to happen in the summer.
여름에 그런 경향이 있지.

splinter
[스플린터]

명 파편, 가시 동 조각을 내다, 쪼개다

I have a splinter in my hand!
내 손에 가시가 박혔어!

Because you were climbing trees.
네가 나무에 올라갔잖아.

merge
[머ー쥐]

동 합병하다, 합치다

Is he Christian?
그는 기독교인이야?

No, his beliefs merge several religions.
아니, 그의 신앙은 여러 종교를 합친 거야.

06 수정과 변경 (1)

alter
[어얼터]

동 변하다, 고치다

Why is climate change so serious?
기후 변화가 왜 그렇게 심각하지?

It could alter the lives of many species.
많은 종의 삶이 변할 수 있으니까.

attach
[어태취]

동 붙이다, 첨부하다

Do you need help with that fan?
저 선풍기에 도움이 필요해?

Yeah, can you attach it to the ceiling?
응, 그걸 천장에 붙여 줄래?

convert
[컨버–트]

동 전환시키다, 개조되다

I have to convert some dollars into won.
달러를 원화로 바꿔야 하는데요.

You can do it at the airport.
공항에서 할 수 있어요.

detach
[디태취]

동 분리하다, 떼다

I can't detach the battery from my phone.
내 전화기에서 배터리를 못 빼겠어.

Give it to me.
나한테 줘 봐.

eliminate
[일리미네이트]

동 제거하다, 없애다

How did you eliminate that horrible smell?
그 끔찍한 냄새를 어떻게 제거했어?

I opened the windows for a while.
잠시 창문을 열어 놓았지.

extend
[익스텐드]

동 연장하다, 확장하다

Let's take a selfie.
셀카 찍자.

Extend your arm so we're both in the picture.
팔을 뻗으면 우리 둘 다 사진에 나와.

modify
[마디-파이]

동 수정하다, 바꾸다

I'm modifying my blog.
내 블로그를 수정 중이야.

Good idea. You should add some video.
좋은 생각이야. 동영상을 좀 추가해야 해.

preserve
[프리저-브]

동 보전하다, 지키다

What's the best way to preserve food?
음식을 보관하는 가장 좋은 방법이 뭐지?

Wrap it tightly and freeze it.
랩에 단단히 싸서 얼려.

reduce
[리듀-쓰]

동 (규모를) 줄이다, (가격을) 낮추다

The mosquitoes are awful this year.
올해는 모기가 지독하네.

Reduce any pools of water in your yard.
마당에 있는 물웅덩이를 줄여.

replace
[리플레이쓰]

동 대체하다, 대신하다

The carpet in the basement is disgusting.
지하실 카펫이 구역질 나는데.

I might replace it with tiles.
타일로 교체해야겠어.

inflate
[인플레이트]

동 부풀리다, 과장하다

My front bicycle tire is low.
내 자전거 앞바퀴가 바람이 빠졌네.

You should inflate it now. Here's the pump.
지금 바람을 넣어야 해. 여기 펌프 있어.

force
[퍼-쓰]

명 힘 동 ~을 강요하다, 억지로 ~하다

I can't get the window open.
창문을 열지 못하겠어.

Don't force it. It might break.
억지로 하지 마. 고장 났나 봐.

complete
[컴플리–트]

형 완벽한 동 끝마치다, 완료하다

Go to bed please.
가서 자렴.

But I didn't complete my homework.
하지만 숙제를 끝내지 못했어요.

drag
[드랙]

동 끌다, 힘들게 움직이다

Uh oh. The game is suspended.
아. 경기가 중지됐네.

They're dragging the tarp across the field.
경기장에 방수포를 끌어오고 있어.

fold
[포울드]

명 접은 부분, 주름 동 접다, 포개다

Mom, can I use this bedsheet?
엄마, 이 시트 써도 되요?

Yes, just fold it again when you're done.
응, 다 하면 다시 접어 놓으렴.

hang
[행]

동 걸다, 매달리다

Hang your coat in the closet.
외투를 옷장 속에 걸어.

There aren't any hangers.
옷걸이가 하나도 없는데.

carve
[카–브]

동 조각하다, 새기다

This wooden angel is beautiful.
이 나무 천사상 아름다운데.

I carved it with a pocket knife.
내 주머니칼로 조각했지.

join
[조인]

명 접합 부분 동 연결하다

How do these pieces join together?
이 조각들을 어떻게 조립하지?

Use the nuts and bolts.
너트와 볼트를 이용해.

separate
[세퍼레이트]

형 분리된 동 분리하다, 나누다

These water pipes won't separate.
이 수도관들은 분리되지 않겠는데.

They must be stuck.
꽉 끼었나 봐.

dissolve
[디자알브]

동 녹다, 용해시키다

The sugar cube didn't dissolve.
각설탕이 안 녹았어.

The coffee isn't hot enough.
커피가 충분히 뜨겁지 않은데.

squeeze
[스퀴–즈]

명 짜기, 긴축 동 짜다, 쥐다

Why did I get a lemon?
왜 레몬을 사야 하지?

To squeeze on your fish.
생선에 짜서 뿌리려고.

tear
[테어]

명 찢어진 곳 동 찢다, 뜯다

Do you want this junk mail?
이 광고 우편물 원해?

No. Tear it up and put it in the garbage.
아니. 찢어서 쓰레기통에 넣어.

de-ice
[디–아이쓰]

동 얼음을 제거하다

Honey, the key won't fit in the lock.
여보, 열쇠가 자물쇠에 안 맞아요.

It must be frozen. We'll have to de-ice it.
얼어서 그럴 거예요. 그것을 녹여야 해요.

lay
[레이]

동 놓다, (바닥에) 설치하다

What's the first step in building a home?
집을 짓는 첫 번째 단계가 뭐지?

You have to lay the foundation.
토대를 놓아야 해.

UNIT

19

계량과 묘사

QUANTIFICATION AND DESCRIPTION

01 질과 정도

efficient
[이피션트]

형 능률적인, 효과적인

Your bus system is very efficient.
너희 버스 체계는 매우 유용하구나.

It's usually right on time.
대부분 제 시간에 와.

excellent
[엑썰런트]

형 가장 우수한, 최고의

Excellent job on the bird house, Zach.
새집 정말 잘 만들었네, 자크.

Thanks. I used to study carpentry.
고마워. 목공을 공부했었거든.

ideal
[아이디-얼]

형 이상적인, 완벽한

This weather is ideal for surfing.
이 날씨는 서핑하기에 이상적인데.

So let's go.
그럼 가자.

precise
[프리싸이스]

형 정확한, 꼼꼼한

Accountants work with precise numbers.
회계사는 정확한 숫자와 일하지.

So do engineers.
엔지니어도 그래.

proper
[프라-퍼]

형 적절한, 제대로 된

Is this the proper pose?
이게 적절한 포즈야?

Almost. Lift your arms up higher.
거의. 팔을 더 높이 들어.

perfect
[퍼-픽트]

형 완전한, 완벽한

How did Lea skate today?
오늘 레아의 스케이트 어땠어?

Great. She gave a perfect performance.
좋았어. 완벽한 공연을 했어.

satisfactory
[새티스팩터리]

형 만족스러운, 충분한

What does your report card say?
네 성적표에 뭐라고 써 있어?

English excellent. Math satisfactory.
영어 최우수. 수학 양호.

sufficient
[서피션트]

형 충분한

Do you have enough light to read?
독서하기에 빛이 충분해?

It's sufficient.
충분해.

essential
[이센셜]

형 본질적인, 필수적인

I made a list of essential Christmas songs.
필수적인 크리스마스 노래의 목록을 만들었어.

Jingle Bells, Let it Snow... good.
징글벨, 눈이 내리네… 좋은데.

complicated
[카암플러게이팃]

형 복잡한

What a complicated remote control!
정말 복잡한 리모컨이네!

Just press the red button.
빨간 버튼만 눌러.

major
[메이저]

형 주요한, 중대한

Bernie Madoff was a major Wall Street player.
버니 마도프는 월스트리트의 주요한 선수였어.

Until he was caught for fraud.
사기죄로 잡히기 전까지.

minor
[마이너]

형 작은, 심각하지 않은

We've had several minor earthquakes this year.
올해 작은 지진이 몇 번 있었어.

I hope they stay minor.
계속 심각하지 않았으면 좋겠는데.

02 계산

count
[카운트]

동 세다, 계산하다

How many cars are in the lot?
그 구역에 차가 몇 대나 있지?

I **counted** 87.
87대였어.

add
[앳]

동 더하다, 덧붙이다

Can you **add** 142 and 53?
142와 53을 더할 수 있어?

Sure, 195. That's not very hard.
물론, 195지. 별로 어렵지 않아.

subtract
[섭츠랙트]

동 빼다

Subtract 10 from 8.
8에서 10을 빼.

Negative 2.
마이너스 2.

multiply
[머터플라이]

동 곱하다

How many squares are on a chess board?
체스 판에는 정사각형이 몇 개 있지?

Eight **multiplied** by eight makes 64.
8 곱하기 8이니까 64개야.

divide
[디바이드]

동 나누다

How much does 1 apple cost?
사과 한 개에 얼마야?

Divide the price of 1 bag by the number of apples.
한 봉지의 가격을 사과 개수로 나눠.

calculate
[캘큐레이트]

동 계산하다, 산출하다

Can you calculate these numbers for me?
이 숫자들을 계산해 줄 수 있어?

Just use a calculator.
그냥 계산기를 써.

double
[더블]

명 두 배 형 두 배의 동 두 배로 되다

I think I'm double your weight.
나는 네 몸무게의 두 배 같은데.

Well, I'm 60 kilograms, so you're 120?
음, 내가 60kg이니까, 그럼 네가 120kg이라고?

equal
[이-퀄]

형 동일한 동 같다, 맞먹다

What's 12 times 12?
12 곱하기 12는 뭐야?

Twelve times twelve equals 144.
12를 12번 곱하면 144야.

exact
[익잭트]

형 정확한, 정밀한

What's the exact cost of the motorcycle?
그 오토바이의 정확한 가격은 얼마야?

$12,560.00
1만 2,560달러야.

measure
[메저]

동 측량하다, 재다

Will the brown sofa fit in this room?
갈색 소파가 이 방에 맞을까?

I don't know. We'll have to measure it.
모르겠어. 치수를 재야겠는데.

deduct
[디덕트]

동 공제하다, 감하다

How do I calculate profit?
수익을 어떻게 계산하지?

Deduct the expenses from the revenues.
수입에서 비용을 감해.

convert
[컨버–트]

동 전환시키다

Do you know how to convert Celsius to Fahrenheit?
섭씨에서 화씨로 어떻게 바꾸는지 아니?

The easy way? Double it and add 32.
쉽잖아? 곱절로 해서 32를 더해.

03 상태와 양 (1)

common
[카-먼]

형 흔한, 공통의

Do you like cookies?
쿠키 좋아하니?

Sure. It's a common dessert where I come from.
물론. 내 고향에서는 흔한 디저트야.

main
[메인]

형 주된

My main responsibility is training the staff.
내 주요 책임은 스태프를 훈련시키는 거야.

Do you ever talk to customers?
고객과 대화하기도 해?

rare
[레어]

형 드문, 희귀한

This is a very rare coin!
이건 아주 희귀한 동전이네!

It belonged to my great grandfather.
우리 증조부님 거야.

frequently
[프리-퀀틀리]

부 자주, 흔히

I got an A in science! I'm shocked!
내가 과학에서 A를 받았어! 충격이야!

I guess that doesn't happen frequently.
자주 일어나는 일은 아닌 것 같구나.

normal
[너-멀]

형 보통의, 정상인

We don't say a prayer before dinner.
우리 저녁 식사 전에 기도 안 하네.

It's normal in my family.
우리 가족에겐 그게 보통이야.

internal
[인터-늘]

형 내부의, 체내의

Was the accident serious?
그 사고는 심각했어?

He damaged some internal organs.
그는 내장 기관이 좀 다쳤대.

external
[익스터-늘]

형 외부의, 밖의, 피부용의

I'm looking for an external hard-drive.
외장하드를 찾고 있는데요.

How much memory do you want?
어느 정도의 메모리를 원하시나요?

regular
[레귤러]

형 규칙적인, 주기적인

I need a regular workout schedule.
정기적인 운동 스케줄이 필요해.

I go every morning at 7.
나는 매일 아침 7시에 가.

enormous
[이너-머스]

형 막대한, 거대한

Avatar was an enormous success.
아바타는 거대한 성공을 거뒀지.

I know. I saw it three times.
알아. 나도 세 번이나 봤어.

moderate
형 [마-더러트]
동 [마-더레이트]

형 적당한, 알맞은 동 누그러지다, 조정하다

How's the weather in your town?
너희 동네 날씨는 어때?

It's moderate, never too hot or cold.
적당한데, 너무 덥지도 춥지도 않지.

up to date
[업 투 데이트]

최근의, 현대식의

France's birth rate is 12.49.
프랑스의 출생률은 12.49%야.

Is that figure up to date?
그 수치는 최근 거야?

eternity
[이터-너티]

명 영원

Someday our sun won't exist.
언젠가 태양이 존재하지 않겠지.

It'll be close to an eternity before that happens.
영원에 가까운 시간이 흐른 후에야 일어나겠지.

04 상태와 양 (2)

natural
[내처럴]

형 자연의, 당연한

I really miss Ellina.
엘리나가 정말 그리워.

It's **natural** to be sad after a break-up.
헤어진 후에 슬퍼지는 건 당연해.

considerable
[컨시더러블]

형 상당한, 많은

I have to read 40 pages tonight.
오늘 밤 40페이지를 읽어야 해.

That's a **considerable** amount of reading.
그거 읽기에 상당한 양이네.

deficient
[디피션트]

형 부족한, 모자라는

My diet is **deficient** in vitamin C.
내 식단에는 비타민C가 부족해.

Why don't you buy some fruit?
과일을 좀 더 사지 그래?

definite
[데피너트]

형 확실한, 분명한

Are you still moving to Chile next year?
여전히 내년에 칠레로 이사할 거야?

Yeah, my plans are **definite**.
응, 내 계획은 확고해.

probably

[프라-버블리]

부 아마

Come have a drink with us!
와서 우리랑 한잔 해!

I'm not feeling well. I'll probably just go home.
기분이 안 좋아. 난 아마 그냥 집에 갈 거 같아.

significant

[시그니피컨트]

형 중요한

Is the hole in the roof big?
지붕에 난 구멍은 크니?

It's significant.
심각해.

particular

[퍼티큘러]

형 특정한, 특별한

I don't like this particular tea.
이런 특별한 차는 안 좋아하는데.

It's a bit unusual, isn't it?
좀 특이하지, 그렇지 않아?

temporary

[템퍼레리]

형 일시적인, 임시의

I have to work the night shift at the hospital.
병원에서 야간 근무를 해야 해.

I hope this is only temporary.
일시적인 것이면 좋겠네.

lack
[랙]

명 결핍, 부족 동 ~이 없다, 부족하다

Why are oranges so expensive?
오렌지는 왜 그렇게 비싸지?

Due to a lack of good harvests.
수확이 부족해서 그래.

scarce
[스케어쓰]

형 부족한, 드문

Fossil fuels will be scarce someday.
화석 연료는 언젠가 고갈될 거야.

We'll have more clean energy by then.
그때까지 더 깨끗한 에너지가 있어야 해.

short-term
[셔-트터엄]

형 단기의, 단기적인

What are they doing in the short-term?
단기적으로 그들은 뭘 하고 있습니까?

long-term
[러엉터엄]

형 장기적인

The stock market is down again.
주식 시장이 또 떨어졌어.

Relax. Stocks are long-term investments.
진정해. 주식은 장기적인 투자야.

05 측정

power
[파우어]

명 힘, 전기, 에너지

How much are power rates in your city?
너희 도시의 전기 요금은 얼마야?

I pay 11 cents per kWh.
나는 kWh당 11센트를 내.

distance
[디스턴쓰]

명 거리

What's the distance from Vancouver to Seoul?
밴쿠버에서 서울까지의 거리가 얼마지?

It's approximately 8,200 kilometers.
대략 8,200km야.

dimension
[디멘션]

명 크기, 치수, 차원

How many dimensions does a ball have?
공은 몇 차원이지?

Three: length, width and height.
3차원. 길이, 넓이, 그리고 높이야.

size
[사이즈]

명 크기

What size sneaker do you wear?
네 운동화 사이즈가 몇이야?

I wear a US size 7.
미국 사이즈 7을 신어.

speed
[스피잇]

명 속도 동 빨리 가다

How fast is your Porsche?
네 포르셰는 얼마나 빨라?

Its top speed is 205 mph.
최고 속도는 시속 205마일이야.

volume
[발류움]

명 용적, 양

How much water is in that bottle?
저 병에는 물이 얼마나 들어가지?

Let's see...the volume is 18 liters.
어디 보자…용량은 18리터야.

weight
[웨잇]

명 중량, 무게 동 무게가 나가다

How much does your poodle weigh?
네 푸들은 몸무게가 얼마나 나가?

Her weight is about 3 kilograms.
3kg 정도야.

quantity
[콰안터티]

명 양, 수량

12 rolls of toilet paper are $6.
화장실용 휴지 12롤에 6달러입니다.

Do you have larger quantities? A 24 pack?
더 많은 양은 없나요? 24팩짜리는요?

composition
[카암퍼지션]

명 구성 요소들

What's the chemical **composition** of table salt?
식탁염의 화학적 배합은 어떻게 되지?

Equal parts sodium and chloride.
소디움과 클로라이드가 반반이야.

broad
[브러엇]

형 (폭이) 넓은

I need some boards to build a patio.
테라스를 만들기 위한 판자가 필요해요.

How **board**?
얼마나 넓은 걸로요?

be off
[비– 어–프]

빗나가다

The bed is 2.4 meters long.
침대 길이가 2.4m인데.

I think you**'re off** by 20 centimeters. Try again.
내 생각엔 20㎝ 빗나간 것 같은데. 다시 해 봐.

area
[에어리어]

명 지역, 구역

How big is South Korea?
한국은 얼마나 크죠?

The **area** is about 100,000 kilometers squared.
약 10만 ㎢예요.

UNIT

20

정부와 법률

GOVERNMENT AND LAW

justice
[저스티쓰]

명 공평성, 공정성

He was sentenced to 5 years for murder.
그는 살인죄로 5년형을 받았어.

That's not justice.
그런 건 공정하지 않잖아.

law
[러–]

명 법

Have you ever broken a law?
법을 어긴 적 있어?

I was caught for speeding once.
속도위반으로 한 번 잡혔어.

citizen
[씨티즌]

명 시민, 주민

Your father is European?
너희 아버지는 유럽인이야?

Yes, but I'm a Korean citizen.
응, 하지만 난 한국 시민이야.

right
[라잇]

명 권리, 시민권

Citizens have rights in this country.
이 나라의 시민들에겐 권리가 있어.

Such as freedom of expression.
표현의 자유 같은 것이지.

duty
[듀-티]

명 의무, 임무

It's our duty to serve in the military.
군 복무는 우리의 의무야.

What if you're not healthy?
건강하지 않으면 어떻게 해?

policy
[파알러씨]

명 정책, 방침

What's the city's policy on smoking?
흡연에 대한 그 도시의 방침은 뭐야?

You can't smoke in public places.
공공장소에서는 담배를 피울 수 없어.

politics
[파알러틱스]

명 정치

Do you follow politics?
너는 정치를 지켜 보니?

Only during elections.
선거 때만 그래.

empire
[엠파이어]

명 제국, 거대 기업

Augustus ruled his empire until 14 C.E.
아우구스투스는 기원 후 14년까지 제국을 통치했다.

oppose
[어포우즈]

동 반대하다, 겨루다

I oppose changing our healthcare system.
우리의 건강보험 제도를 변경하는 데 반대해.

But the system is broken!
하지만 제도가 무너졌어!

revolt
[리보울트]

명 반란 동 반란을 일으키다

Revolt against authority!
권력에 저항하라!

Those are dangerous words.
그런 건 위험한 말이야.

legislate
[레지슬레이트]

동 법률을 제정하다

The government legislates laws.
정부가 법률을 제정해.

Hopefully they're fair laws.
그것들이 공정한 법이기를 바라.

campaign
[캠페인]

명 캠페인, (사회, 정치적) 운동 동 캠페인을 벌이다

He made a lot of campaign promises.
그는 많은 선거 공약을 걸었어.

But how many promises will he keep?
하지만 그가 얼마나 많은 공약을 지킬까?

02 정부와 행정 (2)

democracy
[디마-크러씨]

명 민주주의, 민주 국가

I'm proud to live in a democracy.
나는 민주 국가에 사는 게 자랑스러워.

But I'm not always proud of my government.
하지만 난 우리 정부가 항상 자랑스러운 건 아냐.

govern
[거번]

동 통치하다, 다스리다

It looks like Harmer will govern for another term.
하머가 또 한 번 집권할 것 같은데.

Please tell me you're lying.
제발 거짓말이라고 해.

vote
[버우트]

명 투표 동 투표하다

Who are you going to vote for?
너는 누구에게 투표할 거야?

I haven't decided.
아직 결정하지 못했어.

majority
[머저-러티]

명 다수, 득표 차

Why did Norton win?
왜 노튼이 이겼지?

Because the majority of people voted for him.
국민의 다수가 그에게 투표했으니까.

elect
[일렉트]

동 선거하다, 선출하다

How often does your country elect its leader?
너희 나라는 얼마나 자주 지도자를 선출하니?

Every 4 years.
4년마다.

demand
[디맨드]

명 요구, 청구 동 요구하다, 청구하다

The people demand change.
국민들은 변화를 원해.

Maybe this year it will come.
아마도 올해 변화가 오겠지.

party
[파–티]

명 정당, 당

I don't support either party.
나는 어느 정당이든 모두 지지하지 않아.

They're both making the same promises.
둘 다 똑같은 공약을 하고 있으니까.

represent
[레프리젠트]

동 대표하다, 대신하다

I want to represent you in parliament.
의회에서 당신을 지지하고 싶습니다.

Okay, what's your view on abortion?
좋아요, 낙태에 대한 당신의 의견은 무엇입니까?

support
[서퍼–트]

명 지지 동 지지하다, 공급하다

He has said many discriminatory things about women.
그는 여성에 대해 차별적인 말을 많이 했어.

I wouldn't support a candidate like that. 난 그런 후보는 지지하지 않겠어.

lead
[리잇]

동 안내하다, 이끌다

It must be hard to lead a country.
국가를 이끄는 건 힘들겠지.

I imagine it is.
그런 것 같아.

treaty
[츠리–티]

명 조약

The Treaty of Paris ended the war between Britain, France and Spain.
파리 조약으로 영국, 프랑스, 스페인 간의 전쟁이 종식되었다.

funding
[펀딩]

명 자금

I'm thinking of starting a business.
사업을 시작하려고 생각 중이야.

You should apply for government funding.
정부의 재정 지원을 신청해.

direct
[디렉트]

형 직접적인 동 지휘하다, 감독하다

Click here. It's a direct link to their website.
여기를 클릭하세요. 웹사이트로 직접 연결되는 링크에요.

maintain
[메인테인]

동 유지하다, 지속하다

The government is bankrupt.
정부가 파산했어.

They can't maintain control over the financial system.
재정 체계에 대한 통제를 유지할 수 없지.

unite
[유나이트]

동 연합하다, 통합시키다

Navarro promises to unite his people.
나바로는 국민을 통합시키겠다고 약속해.

Did he say how?
어떻게 하겠대?

rule
[루울]

명 규칙, 지배 동 지배하다, 판결하다

No president should rule for life.
어떤 대통령도 종신집권을 해서는 안 돼.

What if they're actually helping the country?
실제 나라를 돕는 사람이면 어떻게 하지?

compulsory
[컴펄서리]

형 강제적인, 의무적인

Do children there have to attend school?
그곳의 어린이들은 학교에 가야 하니?

Yes, it's compulsory until they're 16.
응, 16살까지 의무교육이야.

object
[업젝트]

동 반대하다

I object to any form of censorship.
어떤 형태의 검열에도 반대해.

What about hate speech?
혐오 발언은 어때?

interfere
[인터피어]

동 간섭하다

Should the government interfere in sports?
정부는 스포츠에 관여해야 할까?

Only in cases of illegal betting.
불법 도박의 경우에만.

demonstrate
[데먼스츠레이트]

동 입증하다, (행동으로) 보여 주다

What are they demonstrating against?
그들은 무엇에 반대하여 시위하는 거야?

The new trade deal.
새로운 무역 정책.

overthrow
[오우버쓰로우]

동 전복시키다, 타도하다

The military overthrew the government.
군대가 정부를 전복시켰어.

Is the president in hiding?
대통령은 숨어 있는 거야?

divide
[디바이드]

동 나뉘다, 나누다

How does your government work?
너희 정부는 어떻게 일을 합니까?

Power is divided between national and state governments.
국가와 주 정부 사이에 권력이 나뉘어져 있어.

sector
[섹터]

명 부문

Do you still work for the public sector?
공공 부문에서 아직 일하니?

Yeah, I still have a government job.
응, 아직 공무원이야.

infrastructure
[인프러스츠럭처]

명 사회 기반 시설

We need more money for infrastructure.
사회 기반 시설에 돈이 더 필요합니다.

UNIT

21

범죄와 전쟁

CRIME AND WAR

01 범죄와 처벌 (1)

honest
[아-니슷]

형 정직한, 솔직한

Who's the most **honest** person you know?
네가 아는 가장 정직한 사람이 누구야?

My father. He wouldn't steal a cent.
우리 아버지. 1센트도 훔치지 않을 걸.

cheat
[치잇]

명 속임수를 쓰는 사람, 사기꾼
동 속이다, 부정행위를 하다

What's happened to Gale?
게일에게 무슨 일이 일어났어?

He was caught **cheating** at poker.
포커에서 속임수를 쓰다 잡혔대.

arrest
[어레슷]

명 체포 동 체포하다

The police identified the bank robber.
경찰이 은행 강도의 신원을 확인했어.

Did they **arrest** him yet?
벌써 범인을 체포했어?

admit
[엇밋]

동 인정하다, 자백하다

She **admitted** that she stole the handbag.
그녀가 핸드백을 훔쳤다고 인정했어.

Well, she was caught on CCTV.
음, CCTV에 찍혔으니까.

reoffend
[리어펜드]

㊍ 다시 범죄를 저지르다

What is the chance that Mr. Hobbs will reoffend?
홉스 씨가 다시 범죄를 저지를 가능성이 뭐지?

There's a very good chance.
아주 그럴 가능성이 있지.

trial
[츠라이얼]

㊔ 재판

The trial of C.E.O. Calvin Locke starts today.
캘빈 로크 CEO의 재판이 오늘 시작해.

I'll be watching it closely.
나는 자세히 볼 거야.

recognize
[레커그나이즈]

㊍ 알아보다, 인정하다

Do you recognize the man in the blue coat?
파란 코트를 입은 남자 알아보겠어?

He's the one who tried to punch me.
나를 때리려고 했던 사람이야.

responsible
[리스파안서블]

㊚ 책임지고 있는, 책임이 있는

Who's responsible for breaking this window?
이 유리창을 깬 거는 누구 책임이니?

I am. I'm sorry, it was an accident.
저예요. 죄송합니다, 사고였어요.

desperate
[데스퍼러트]

형 자포자기한, 필사적인

He was **desperate** to see his family.
그는 자신의 가족을 만나려고 필사적이었어요.

So he stole a car?
그래서 차를 훔친 건가요?

ignore
[이그너-]

동 무시하다

Did you **ignore** the traffic lights on purpose?
너는 고의로 신호등을 무시했던 거야?

No, honestly.
솔직히 아니야.

motive
[모우티브]

명 동기, 이유 형 움직이게 하는

What was his **motive** for the shooting?
그가 총을 쏜 동기가 뭐래?

He was fired from his job.
직장에서 해고됐대.

falsify
[퍼얼스파이]

동 (문서를) 위조하다

They were **falsifying** bank records for years.
그들은 수년 동안 은행 기록을 위조했어.

I'm surprised no one noticed.
아무도 몰랐던 게 놀라운데.

02 범죄와 처벌 (2)

crime
[크라임]

명 범죄, 범행

What crime did they commit?
그들이 어떤 범죄를 저질렀나요?

They pretended they were police officers.
경찰인 것처럼 사칭했어요.

guilty
[길티]

형 유죄의, 죄책감이 드는

If she's guilty, she could go to jail for 7 years.
그녀가 유죄라면, 7년 동안 감옥에 가게 될 수도 있다.

innocent
[이너썬트]

형 무죄인, 결백한

Innocent people rarely go to jail.
무죄인 사람들이 감옥에 거의 가지 않지.

But it does happen.
하지만 그런 일도 일어나잖아.

suspect
[서스펙트]

명 용의자 동 의심하다

The suspect was seen carrying a gym bag.
용의자는 운동 가방을 들고 있는 것이 발견됐습니다.

punishment
[퍼니쉬먼트]

명 처벌, 형벌 동 처벌하다

Criminals should be punished harshly.
범죄자들은 가혹한 벌을 받아야 해.

I think the punishment should fit the crime.
나는 처벌이 범죄에 맞아야 한다고 생각해.

system
[시스텀]

명 제도, 체계

I don't feel that the justice system is fair.
사법 제도가 공정하지 않다고 생각해요.

What evidence do you have?
당신은 어떤 증거를 가지고 있죠?

commit
[커밋]

동 저지르다, 자살하다

He committed 14 robberies before he was 21.
그는 21살이 되기 전에 14건의 강도를 저질렀어.

That's disturbing. 그거 충격적이네.

accuse
[어큐-즈]

동 고발하다, 비난하다

Joan was arrested?!!
조안이 체포되었다고?

Yeah. She was accused of stealing from work.
응. 직장에서 절도죄로 고발당했어.

advantage
[엇밴티쥐]

명 유리한 점, 이점 동 유리하게 하다

What's the advantage of going to jail? 감옥에 가는 이점이 뭐지?

Maybe someone can change their life.
누군가는 자기 인생을 변화시킬 수 있겠지.

jail
[제일]

명 교도소 동 투옥하다

Bruce was released from the jail.
브루스는 감옥에서 석방되었어.

I hope he will be a good man.
그가 좋은 사람이 되었으면 좋겠네.

parole
[퍼로울]

명 가석방

She was granted parole.
그녀는 가석방 되었어.

I think she's still a danger to society.
그녀는 아직 사회에서 위험한 것 같은데.

rehabilitate
[리–어빌러테이트]

동 재활 치료를 하다, 사회 복귀를 돕다

Do you think prison rehabilitates criminals?
감옥이 범죄자들을 갱생시킨다고 생각해?

Maybe in some cases.
아마 경우에 따라서.

03 범죄와 처벌 (3)

court
[커-트]

명 법정

The jury has entered the court.
배심원단이 법정에 들어왔어요.

They're about to read their verdict.
자신들의 평결을 읽으려고 하네요.

judge
[저쥐]

명 판사 동 재판하다, 판단하다

This judge is very well respected.
이 판사는 매우 존경 받고 있어.

I remember when he was a lawyer.
그가 변호사였을 때가 기억나.

sentence
[센턴쓰]

명 형벌, 선고 동 선고하다

Do you support a death sentence?
너는 사형 제도를 지지하니?

No, I could only support life in prison.
아니, 종신형만 지지해.

fine
[파인]

명 벌금 동 벌금을 물리다

How much is the fine for illegal parking?
불법 주차의 벌금이 얼마지?

Twenty-five dollars.
25달러야.

deserve

[디저–브]

동 ~을 받을 만하다

He doesn't deserve to go to jail.
그는 감옥에 갈 만하지 않아.

Seriously? He kidnapped a young boy!
진심이야? 그는 어린 소년을 납치했다고!

confess

[컨페스]

동 자백하다, 고백하다

Did the teacher confess to the crime?
그 교사는 범죄를 자백했나요?

No, he said he was innocent.
아니요, 그는 자신이 무죄라고 말했어요.

thief

[씨–프]

명 도둑, 절도범

How can someone become a thief?
사람이 어떻게 도둑이 될 수 있을까?

Maybe they're poor. Maybe they enjoy it.
아마도 가난하니까. 도둑질을 즐길 수도 있지.

steal

[스티일]

동 훔치다, 도둑질하다

Did you ever steal anything?
넌 뭔가를 훔친 적 있어?

Once I stole a pack of gum.
한 번 껌 한 통을 훔쳤어.

rob
[라압]

동 털다, 도둑질하다

What happened? You look upset.
무슨 일이야? 화가 난 것 같은데.

I was robbed in the parking lot!
주차장에서 강도를 당했어!

murder
[머–더]

명 살인 동 살해하다

Why would she murder her ex-boyfriend?
그녀는 왜 전 남자 친구를 살해했을까?

violate
[바이얼레이트]

동 (법을) 위반하다

The police violated his rights.
그 경찰은 그의 권리를 위반했어.

Then he might go to trial.
그러면 그는 재판에 갈지도 모르지.

justify
[저스티파이]

동 타당함을 보여 주다

Is murder ever justified?
살인이 타당하다고?

That's a difficult question.
어려운 문제야.

04 투쟁과 전쟁 (1)

assist
[어시숫]

동 돕다, 도움이 되다

Our country assists its allies.
우리 나라는 동맹국을 돕지.

Even if it means going to war?
심지어 전쟁하는 것이라고 해도?

peace
[피–쓰]

명 평화

We've been at peace for 60 years.
우리는 60년 동안 평화로웠어.

Not every country can say the same.
모든 나라가 똑같은 말을 할 수 있는 건 아니지.

soldier
[소울저]

명 군인, 병사

What's a soldier's job?
군인의 직무는 무엇이지?

To follow orders. To protect.
명령에 따르는 것. 지키는 것.

war
[워–]

명 전쟁

What are your feelings on war?
전쟁에 대해 어떻게 생각해?

It's horrible but sometimes necessary.
끔찍하지만 때로는 필요하지.

battle
[배틀]

명 전투 동 싸우다

Who won the Battle of Waterloo?
워털루 전투에서 누가 이겼지?

Not Napoleon.
나폴레옹은 아니야.

attack
[어택]

명 공격 동 덤벼들다, 공격하다

I heard someone attacked the embassy.
누군가가 대사관을 공격했다고 들었어.

Yes, possibly a terrorist organization.
응, 아마도 테러리스트 조직인 것 같아.

defend
[디펜드]

동 방어하다, 옹호하다

Why did you join the army?
너는 왜 군대에 들어갔어?

To defend my country.
조국을 지키기 위해서.

defeat
[디피잇]

명 패배 동 패배시키다, 이기다

Hitler was defeated in World War 2.
2차 세계대전에서 히틀러가 패배했어.

That was truly a world war.
그건 진정 세계 전쟁이었지.

side
[사이드]

명 (한) 쪽

Do you know the American Civil War?
미국 남북전쟁을 알고 있니?

Sure. Some family members even took different sides.
물론. 어떤 가족들은 심지어 다른 편이었지.

struggle
[스츠러글]

명 투쟁, 분투 동 투쟁하다, 버둥거리다

I'm just struggling to support my family.
나는 우리 가족을 부양하느라 고군분투하고 있다.

discipline
[디써플린]

명 규율, 훈육 동 징계하다

Discipline is important in the military.
규율은 군대에서 중요해.

Especially when lives are at risk.
특히 생명이 위험에 처했을 때.

combat
[카암뱃]

명 전투 동 방지하다, (방지하기 위해) 싸우다

Have you ever been in combat?
전투에 나간 적 있니?

No, but my friends have.
아니, 하지만 내 친구들은 나갔었어.

fight
[파잇]

명 싸움, 전투 동 싸우다, 전투하다

Today's fight is against terrorism.
오늘날의 전투는 테러에 대항하는 것입니다.

It's one of many fights.
많은 전투 중 하나죠.

bomb
[바암]

명 폭탄 동 폭격하다

Bombs are a lethal tool for an army.
폭탄은 군대에 있어 치명적인 무기지.

Unfortunately, they kill ordinary citizens too.
불행히, 폭탄은 일반 시민들도 죽여.

enemy
[에너미]

명 적, 장애물

The enemy will attack from that hill.
적는 저 언덕으로부터 공격해 올 것이다.

We'll be ready.
저희들은 준비됐습니다.

rifle
[라이플]

명 소총

What did you do in your military training?
군사 훈련에서 뭘 했어?

I learned how to shoot a rifle.
소총 쏘는 법을 배웠어.

shoot
[슈웃]

동 사격하다, 쏘다

Try to shoot that target.
저 과녁을 맞춰 보게.

Yes, sir.
알겠습니다.

win
[윈]

명 승리 동 승리하다, 이기다

Who will win this war?
이 전쟁에서 누가 이길까?

Maybe no one.
아마도 아무도 이기지 못할 거야.

threaten
[쓰레튼]

동 위협하다, 협박하다

I'm against all violence.
나는 모든 폭력에 반대해.

What if someone threatened your family?
누군가 네 가족을 위협한다면 어쩌지?

escape
[이스케이프]

명 탈출, 도피 동 탈출하다, 달아나다

They escaped by digging a tunnel.
그들은 터널을 파서 탈출했어.

That's an incredible story.
그거 놀라운 이야기구나.

kill
[킬]

동 죽이다

Could you kill a man?
너는 사람을 죽일 수 있어?

I don't know.
나도 모르겠어.

lose one's life
[루-즈 원스 라이프]

목숨을 잃다

My grandfather lost his life in the war.
우리 할아버지는 전쟁에서 돌아가셨어.

Mine too. When did he serve?
우리 할아버지도. 언제 복무하셨는데?

ceasefire
[씨-스파이어]

명 휴전

A ceasefire will begin at midnight.
휴전은 자정부터 시작될 거야.

Let's hope it holds.
유지되길 바라자.

surrender
[서렌더]

동 항복하다, 투항하다

The rebels have surrendered.
반역자들이 항복했어.

So what happens now?
그래서 지금 무슨 일이 일어났어?

UNIT

22

부록

APPENDIX

01 조동사와 접속사

조동사

- **may** ~해도 좋다
  [메이]

  May I go to the washroom please?
  화장실에 가도 될까요?

- **may** ~일지도 모른다, 어쩌면 ~일 것이다
  [메이]

  I may take a photography class next year.
  내년에 사진 수업을 들을지도 몰라.

- **can** ~할 수 있다
  [캔]

  He can lift 100 kilograms over his head.
  그는 머리 위로 100kg을 들어올릴 수 있어.

- **can** ~해도 좋다
  [캔]

  Can I help you with that?
  제가 도와드릴까요?

- **must** ~해야 하다
  [머슷]

  If you drive, you must pay for your own gas.
  네가 운전한다면, 자신의 기름값을 지불해야 해.

- **ought to** ~해야 하다
  [어엇 투]

  I ought to read more.
  나는 더 읽어야 해.

- **could** ~겠어요(정중히 부탁할 때)
  [쿳]

  Could you pass me the sugar?
  설탕 좀 건네 주시겠어요?

- **will** ~일 것이다(단순 미래)
  [윌]

  I will ask Jane to marry me on Saturday.
  제인에게 토요일에 결혼해 달라고 할 거야.

- **shall** ~할까요(제안, 조언을 요청할 때)
  [쉘]

  Shall we go?
  갈까요?

- **should** ~해야 하다
  [슛]

  You should be more respectful to your parents.
  너는 부모님을 더 존경해야 해.

- **have** (과거분사와 함께 완료형을 형성)
  [해브]
  Have you ever eaten tiramisu?
  티라미슈 먹은 적 있니?

- **would** ~일 것이다
  [우드]
  What would you do if you were rich?
  네가 부자라면 뭘 할 거니?

접속사

- **in addition** 덧붙여, 게다가
  [인 어디션]
  In addition to teaching math, I'm also a bartender.
  나는 수학을 가르치는 것뿐만 아니라, 바텐더도 하고 있어.

- **although** ~이긴 하지만
  [어얼도우]
  I'll go with you although I don't really like jazz music.
  비록 내가 재즈 음악을 정말 좋아하는 건 아니지만 너랑 갈게.

- **besides** ~외에
  [비사이즈]
  What does she like besides skiing and snowboarding?
  스키와 스노보드 외에 그녀가 좋아하는 게 뭐지?

- **despite** ~에도 불구하고
  [디스파이트]
  Despite your unusual personality, I still like you.
  네 독특한 성격에도 불구하고, 난 그래도 널 좋아해.

- **else** 아니면
  [엘스]
  Call me after work else I'll see you tomorrow.
  일 끝난 후 전화해 아니면 내일 내가 널 만나러 갈게.

- **nevertheless** 그럼에도 불구하고
  [네버더레스]
  This is not the shirt that I wanted but nevertheless thank you.
  이건 내가 원했던 셔츠는 아니지만 그래도 고마워.

- **otherwise** 그렇지 않으면
[어더와이즈]
Ask Carl to bring his truck; otherwise, I'll bring mine.
칼에게 트럭을 가져오라고 해, 그렇지 않으면 내 것을 가져갈게.

- **since** ~때문에
[신쓰]
I can't make that dessert since I lost the recipe.
나는 요리법을 잃어버려서 디저트를 만들 수 없어.

- **in spite of** ~에도 불구하고
[인 스파이트 어브]
I liked the movie in spite of its horrible acting.
끔찍한 연기에도 불구하고 나는 그 영화를 좋아해.

- **therefore** 그러므로
[데어퍼-]
I don't like the way you treat your employees; therefore, I quit.
나는 당신이 직원을 대하는 방식이 마음에 들지 않아요;
그래서, 그만두겠어요.

- **however** ~해도, 그러나
  [하우에버]
  It looks delicious; however, I'm allergic to cherries.
  맛있어 보인다; 하지만, 나는 체리에 알레르기가 있어.

- **because** ~때문에
  [비커-즈]
  I'm freezing because all the windows are open.
  모든 창문이 열려 있어서 난 얼어 죽겠어.

02 필수 숙어(Idioms)

A

- **a couple of** 한 짝의, 두 개의

  [어 커플 어브]

  Within a couple of years, we too had a camcorder.

  이삼 년 안에, 우리도 캠코더를 샀다.

- **a group of** 일단의

  [어 그루웁 어브]

  A group of people are waiting for you.

  한 그룹의 사람들이 널 기다리고 있다.

- **a lot** 많이

  [어 랏]

  The wind was very strong and it rained a lot.

  바람이 매우 세찼고 비가 많이 왔다.

- **a lot of** 많은

  [어 랏 어브]

  There are a lot of books.

  책이 많이 있다.

- **a pair of** 한 짝의

  [어 페어 어브]

  A pair of shoes costs $20.

  신발 한 켤레에 20달러이다.

- **according to** ~에 따라
[어커-딩 투]
We must live according to our income.
우리는 수입에 맞게 생활해야 한다.

- **after a time** 얼마 후에
[애프터 어 타임]
After a time, we reached the beach.
잠시 후, 우리는 해변에 도착했다.

- **agree to** ~(제안 · 계획)에 동의하다
[어그리- 투]
Do you agree to visit the museum first?
박물관에 먼저 가는 것에 동의하니?

- **agree with** ~(사람)에게 동의하다
[어그리- 윗]
I agreed with Nam-su.
나는 남수의 의견에 동의했다.

- **all afternoon** 오후 내내
[어얼 애프터누운]
He will be at home all afternoon.
그는 오후 내내 집에 있을 것이다.

- **all kinds of** 온갖 종류의
  [어얼 카인즈 어브]
  There are all kinds of animals in the zoo.
  동물원에는 온갖 종류의 동물들이 있다.

- **all one's life** 평생토록
  [어얼 원스 라이프]
  I've studied all my life.
  나는 지금까지 줄곧 공부해 왔다.

- **all over the world** 세계 도처에
  [어얼 오우버 더 워얼드]
  Korean people live all over the world.
  한국인은 세계 도처에서 살고 있다.

- **all the time** 줄곧, 항상
  [어얼 더 타임]
  He was away from home all the time.
  그는 줄곧 집에 없었다.

- **all the way** 도중에, 멀리서
  [어얼 더 웨이]
  Thank you for coming all the way to see me off.
  먼 길 전송하러 나와주셔서 감사합니다.

- **and so on** 등등
  [앤드 소우 언]

  I gave him many things like pencils, books, and so on.
  나는 그에게 연필, 책 등 여러 가지를 주었다.

- **as ~ as ...** …만큼 ~한
  [애즈 ~ 애즈]

  I am as tall as you.
  나는 너만큼 키가 크다.

- **as though** 마치 ~처럼
  [애즈 도우]

  He spoke as though he had seen the president.
  그는 마치 대통령을 만난 것처럼 말했다.

- **ask for** ~을 요구하다, 청구하다
  [애슥 퍼]

  Everything that was asked for has now been sent.
  요구된 물건은 모두 보내졌다.

- **at last** 마침내, 드디어
  [앳 래슷]

  At last, the winter was over.
  마침내, 겨울이 끝났다.

- **at once** 즉시, 동시에
  [앳 원쓰]

  Don't try to do two things at once.
  두 가지 일을 동시에 하려고 하지 마라.

- **at the same time** 동시에
  [앳 더 세임 타임]

  I shot and at the same time Nam-su shot as well.
  내가 쏜 것과 동시에 남수도 쏘았다.

B

- **be able to** ~할 수 있다
  [비– 에이블 투]

  He is able to speak Korean.
  그는 한국어를 할 수 있다.

- **be afraid of** ~을 두려워하다, 걱정하다
  [비– 어프레잇 어브]

  She was afraid of mice.
  그녀는 쥐를 두려워한다.

- **be born** 태어나다

[비- 버언]

I was born in Seoul.

나는 서울에서 태어났다.

- **be different from** ~과 다르다

[비- 디퍼런트 프럼]

When I was a child, my taste in books was different from what it is now.

어렸을 때, 책에 대한 나의 취향은 지금과 달랐다.

- **be famous for** ~로 유명하다

[비- 페이머스 포]

London is famous for its fog.

런던은 안개로 유명하다.

- **be full of** ~로 가득 차다

[비- 풀 어브]

Junk shops are full of usable goods.

잡화점에 쓸 수 있는 물건들로 가득 차 있다.

- **be good at** ~을 잘하다, ~에 능숙하다

[비- 굿 앳]

He is good at mathematics.

그는 수학을 잘한다.

- **be good to** ~에게 친절히 대하다
  [비– 굿 투]
  They have been good to me so far.
  지금까지 그들은 나에게 친절히 대했다.

- **be interested in** ~에 흥미를 가지다
  [비– 인터레스팃 인]
  I am very interested in music.
  나는 음악에 매우 흥미가 있다.

- **be proud of** ~을 자랑하다, 자만하다
  [비– 프라웃 어브]
  We're proud of your accomplishment.
  우리는 당신의 업적을 자랑스럽게 생각합니다.

- **be ready for** ~의 준비가 되어 있다
  [비– 레디 포]
  After weeks of training, she was ready for the match.
  수주 간의 훈련 후, 그녀는 경기에 나갈 준비가 되었다.

- **be sure to** 틀림없이 ~하다
  [비– 슈어 투]
  He is sure to succeed.
  그는 틀림없이 성공한다.

- **because of** ~때문에
  [비커-즈 어브]
  They can't divorce because of their children.
  그들은 아이들 때문에 이혼할 수 없다.

- **before long** 머지않아, 이윽고
  [비퍼- 러엉]
  He is not in now but he will come back before long.
  그는 지금 없지만 머지않아 돌아올 것이다.

- **begin to** ~하기 시작하다
  [비긴 투]
  It began to rain early in the morning.
  아침 일찍 비가 오기 시작했다.

- **believe in** ~을 믿다
  [비리-브 인]
  She could make one believe in her world of fantasy.
  그녀는 자신의 공상의 세계를 사람들이 믿도록 할 수 있었다.

- **by bus(train, plane, ship)** 버스(기차, 비행기, 배)로
  [바이 버스 (츠레인, 플레인, 쉽)]
  We went on a city tour by bus.
  우리는 버스로 시내 투어를 갔다.

- **by oneself** 스스로, 혼자 힘으로
  [바이 원셀프]
  Did he do that by himself or did someone help him?
  그가 혼자 했습니까 아니면 누군가 그를 도와주었습니까?

- **by the way** 그런데
  [바이 더 웨이]
  By the way, I have something to tell you.
  그런데, 당신에게 할 말이 있습니다.

C

- **care for** ~을 돌보다, ~을 좋아하다
  [케어 퍼]
  Mary cared for the children.
  메리가 아이들을 돌봤다.

- **come about** 발생하다, 생기다
  [컴 어바웃]
  Peace can only come about if each side agrees to yield to the other.
  양측이 서로 양보하기로 합의만 하면 평화는 생길 수 있다.

- **come along** 오다, 함께 오다
  [컴 어러엉]

  You can come along if you want to.
  네가 원한다면 와도 좋아.

- **come on** 자! 기운을 내
  [컴 언]

  Come on, believe in yourself.
  자 기운 내, 자신을 가져.

- **come out** (밖으로) 나오다, 출판되다
  [컴 아웃]

  His new novel will come out next month.
  그의 새 소설은 다음 달에 출판될 것이다.

- **come up** 다가오다
  [컴 업]

  A stranger came up to me.
  낯선 사람이 내게 다가왔다.

- **compare A to B** A를 B에 비유하다
  [컴페어 A 투 B]

  Life is often compared to a voyage.
  인생은 종종 항해와 비유된다.

  ※ compare A with B : A를 B와 비교하다.

D

- **depend on** ~에 의존하다
  [디펜드 언]

  Children depend on their parents.
  아이들은 부모에게 의지한다.

- **do one's best** 최선을 다하다, 전력을 다하다
  [두 원스 베슷]

  You should always do your best.
  항상 최선을 다해야만 한다.

E

- **each time** 그때마다, 매번
  [이-취 타임]

  Each time, he tried to meet her.
  매번, 그는 그녀를 만나려고 했다.

- **enjoy oneself** 즐기다, 유쾌하게 보내다
  [인저이 원셀프]

  Please enjoy yourself while traveling here in Korea.
  여기 한국에서 여행하는 동안 즐겁게 보내시기 바랍니다.

F

- **fall in love with** ~을 사랑하게 되다
  [퍼얼 인 러브 윗]

  He fell in love with a girl.
  그는 한 소녀를 사랑하게 되었다.

- **fall on** (어떤 날이) ~에 해당되다, 어떤 날이다
  [퍼얼 언]

  Christmas Day falls on a Monday this year.
  올해는 크리스마스가 월요일이다.

- **figure out** 이해하다, 알다
  [피겨 아웃]

  I can't figure out the answer.
  나는 그 해답을 알 수 없다.

- **find out** 발견하다, (사실 등을) 알다
  [파인드 아웃]

  I'll find out who sent the letter.
  누가 편지를 보냈는지 알아낼 것이다.

- **for a while** 잠시 동안
  [퍼 어 와일]

  Let's take a break for a while.
  잠깐 쉽시다.

- **for the first time** 처음으로
  [퍼 더 퍼-슷 타임]

  She returned home for the first time in twenty years.
  그녀는 20년 만에 처음으로 고향에 돌아왔다.

- **from now on** 앞으로
  [프럼 나우 언]

  Never tell a lie from now on.
  앞으로 절대 거짓말을 하지 마라.

- **from then on** 그때부터
  [프럼 덴 언]

  From then on, the game was held every four years.
  그때부터, 그 경기는 4년마다 한 번씩 열렸다.

- **from time to time** 때때로, 이따금
  [프럼 타임 투 타임]

  He came to see us from time to time.
  그는 가끔 우리를 만나러 왔다.

- **get along** 사이좋게 지내다

[겟 어러엉]

He seems to get along with all his friends.

그는 그의 모든 친구들과 잘 지내고 있는 것 같다.

- **get tired of** ~에 싫증나다

[겟 타이어드 어브]

I got tired of his criticism.

나는 그의 비평에 싫증이 났다.

- **get to** ~에 도착하다

[겟 투]

We can't get to the theater quickly enough to see the opening.

우리는 개막식을 볼 수 있도록 빨리 극장에 도착할 수 없다.

- **get together** 모이다, 모으다

[겟 터게더]

They should get together and talk it over.

그들은 모여서 그것에 관하여 서로 이야기해야 한다.

- **get up** 일어나다

[겟 업]

I usually get up at six.

나는 항상 6시에 일어난다.

- **give up** ~을 그만두다
  [기브 업]

  I gave up hope of solving the problem.
  나는 그 문제 풀기를 단념했다.

- **go on (a picnic)** 소풍을 가다
  [고우 언 (어 픽닉)]

  We all went on a picnic last Sunday.
  우리는 모두 지난 일요일에 소풍을 갔다.

- **go to bed** 자다, 취침하다
  [고우 투 벳]

  I go to bed at ten.
  나는 10시에 잔다.

- **go without** ~없이 지내다
  [고우 위다웃]

  We cannot go without water for even one day.
  우리는 물 없이 단 하루도 지낼 수 없다.

- **grow up** 어른이 되다, 성장하다
  [그로우 업]

  Some girls wish to be doctors when they grow up.
  어른이 되면 의사가 되고 싶어 하는 여자 아이들이 있다.

H

- **had better** ~하는 편이 낫다, ~해야 한다

[해드 베터]

You had better go at once.

즉시 가는 것이 낫겠다.

- **have a good time** 즐겁게 보내다

[해브 어 굿 타임]

I had a good time at your birthday party.

당신의 생일 파티는 즐거웠습니다.

- **have fun** 재미있게 놀다, 흥겨워하다

[해브 펀]

Have fun at the bowling alley!

볼링장에서 재미있게 놀자!

- **have fun with** ~와 재미있게 놀다

[해브 펀 윗]

Sometimes pilots have fun with their animal passengers.

때때로 비행사들은 그들의 동물 승객들과 재미있게 논다.

- **hear from** ~로부터 소식을 받다

[히어 프럼]

I haven't heard from her in a long time.

그녀로부터 오랫동안 소식이 없다.

- **hurry up** 서두르다
  [허리 업]

  Hurry up, or you will be late.
  서둘러라, 그렇지 않으면 늦을 거야.

I

- **in a hurry** 서둘러서
  [인 어 허리]

  I thought you were in a hurry.
  나는 네가 서두르고 있다고 생각했다.

- **in fact** 사실은
  [인 팩트]

  I think so, in fact, I'm quite sure.
  나는 그렇게 생각하는데, 사실은, 그것을 확신하고 있어.

- **in front of** ~의 앞에
  [인 프런트 어브]

  A child ran out in front of me.
  어린 아이가 내 앞으로 뛰어 나왔다.

- **in the middle of** ~의 한가운데
  [인 더 미들 어브]

  Namsan is in the middle of Seoul.
  남산은 서울 한복판에 있다.

- **in time** 이윽고, 시간에 맞게
  [인 타임]

  I hope your mother gets well in time.
  당신 어머니가 곧 좋아지시길 바랍니다.

- **instead of** ~ 대신에
  [인스텟 어브]

  We use electricity for cooking instead of gas.
  우리는 요리할 때 가스 대신 전기를 쓴다.

K

- **keep -ing** 계속해서 ~하다
  [키입 아이엔쥐]

  Please keep the fire burning.
  불이 계속 타도록 해 주세요.

- **kind of** ~종류의
  [카인드 어브]
  There are many kinds of flowers in the park.
  공원에는 많은 종류의 꽃들이 있다.

L

- **laugh at** ~을 비웃다, 조롱하다
  [래프 앳]
  Don't laugh at people for being poor.
  가난하다고 사람들을 비웃지 마라.

- **listen to** ~에 귀를 기울이다, ~을 듣다
  [리슨 투]
  I like to listen to the radio.
  나는 라디오 청취하기를 좋아한다.

- **live on** ~을 먹으며 살다, ~을 주식으로 하다
  [리브 언]
  Koreans live on rice.
  한국인은 쌀을 주식으로 한다.

- **look after** ~을 돌보아 주다, ~의 시중을 들다

  [룩 애프터]

  Helen has promised to look after our cat while we are away.

  우리가 집을 비우는 동안 헬렌이 고양이를 돌봐 주겠다고 약속했다.

- **look around** 둘러보다, 두루 구경하다

  [룩 어라운드]

  We only had an hour to look around the city before lunch.

  점심 전에 시내를 구경할 시간이 한 시간밖에 없다.

- **look at** ~을 보다

  [룩 앳]

  They are looking at the sky.

  그들은 하늘을 쳐다보고 있다.

- **look for** ~을 찾다, 구하다

  [룩 퍼]

  What are you looking for?

  무엇을 찾고 있니?

- **look forward to** ~을 기다리다

  [룩 퍼-워드 투]

  I am looking forward to hearing from you.

  나는 당신의 소식을 기다리고 있다.

- **look like** ~인 것 같다, ~처럼 보이다

[룩 라이크]

It looks like rain.

비가 올 것 같다.

- **look up** ~을 찾아보다

[룩 업]

Look up the word in your dictionary.

사전에서 그 단어를 찾아봐라.

- **look up to** ~을 존경하다

[룩 업 투]

Among the girls, she is looked up to for her experience.

소녀들 사이에서, 그녀는 경험으로 존경받는다.

M

- **make a fool out of** ~을 바보로 만들다

[메이크 어 푸울 어브]

You can't make a fool out of me. I know the truth!

넌 날 속일 수 없어. 난 진실을 알고 있거든!

- **make one's living** 생계를 세우다, 생활비를 내다
[메이크 원스 리빙]

How does he make his living?
그는 그의 생계를 어떻게 세우고 있습니까?

- **make out** ~을 이해하다
[메이크 아웃]

I can't make out what he is trying to say.
나는 그가 말하려는 것을 이해할 수 없다.

- **make use of** ~을 이용하다, 사용하다
[메이크 유-즈 어브]

You must make use of your free time.
너는 네 여가 시간을 이용해야 한다.

- **more and more** 점점 더
[머- 앤 머-]

I have thought more and more of my mother since her death.
나는 어머니가 돌아가신 후로 점점 더 어머니를 생각하게 되었다.

- **most of all** 무엇보다도
[모우슷 어브 어얼]

Most of all, I want to visit my old friends.
무엇보다도, 나는 옛 친구들을 방문하고 싶다.

N

- **not all** 모두 ~인 것은 아니다
  [낫 어얼]
  Not all food is good to eat.
  모든 음식이 다 먹기 좋은 것은 아니다.

- **not ~ any more** 더 이상 ~하지 않다
  [낫 애니 머-]
  I can't give you any more money.
  나는 더 이상 네게 돈을 줄 수 없다.

O

- **on one's way** 도중에
  [언 원스 웨이]
  He took a taxi on his way back.
  그는 돌아오는 도중에 택시를 탔다.

- **on one's way to** ~가는 길에
  [언 원스 웨이 투]
  I met my aunt on my way to church.
  나는 교회에 가는 길에 숙모를 만났다.

- **on the way** ~에 가는 길에, 도중에

  [언 더 웨이]

  She stopped at her uncle's on the way.

  그녀는 가는 길에 삼촌 댁에 들렀다.

- **once upon a time** 옛날 옛적에

  [원쓰 어판 어 타임]

  Once upon a time, there lived a king.

  옛날 옛적에, 한 왕이 살았다.

- **one after another** 차례로

  [원 애프터 어나더]

  They entered the room one after another.

  그들은 차례로 방에 들어왔다.

- **one another** 서로

  [원 어나더]

  The girls are talking to one another.

  소녀들이 서로 이야기를 나누고 있다.

- **one day** (흔히 과거의) 어느 날

  [원 데이]

  One day, a girl came to see me.

  어느 날, 한 소녀가 나를 만나러 왔다.

P

- **pick up** ~을 집어 올리다, ~(사람)을 태우다
  [픽 업]

  Please let me pick up your sister at the station.
  당신의 여동생을 역까지 마중나가도록 해 주십시오.

- **plan to** ~할 계획이다
  [플랜 투]

  I am planning to visit my cousin's next Sunday.
  나는 다음 주 일요일에 사촌네를 방문할 예정이다.

- **put A into B** A를 B에 넣다
  [풋 A 인투 B]

  He put a volume of poetry into his suitcase.
  그는 시집 한 권을 여행가방에 넣었다.

- **put on** ~을 입다, ~(구두 등)을 신다
  [풋 언]

  You'll have to put on an evening dress.
  너는 야회복을 입어야 한다.

R

- **right now** 바로 지금
  [라잇 나우]

  My mother is reading a newspaper right now.
  우리 어머니는 바로 지금 신문을 읽고 계신다.

- **run away** 도망가다
  [런 어웨이]

  She hit the child and he ran away.
  그녀가 그 아이를 때리자 그는 도망쳤다.

S

- **set the table** 식탁을 차리다
  [셋 더 테이블]

  Her kids never set the table.
  그녀의 아이들은 결코 식탁을 차리지 않는다.

- **so far** 지금까지는
  [소우 파-]

  So far we have enjoyed our journey very much.
  지금까지 우리의 여행은 매우 즐거웠다.

- **someday** (미래의) 언젠가, 훗날
[섬데이]

I'd like to visit your country someday.
나는 언젠가 당신의 나라에 가고 싶습니다.

- **start for** ~을 향해 출발하다
[스타-트 퍼]

He started for New York yesterday.
그는 어제 뉴욕을 향해 출발했다.

- **stop by** ~에 들르다
[스탑 바이]

I stopped by his office in the afternoon.
나는 오후에 그의 사무실에 들렀다.

T

- **take a look at** ~을 보다, ~을 훑어보다
[테이크 어 룩 앳]

Here is a newspaper. Take a look at it.
신문 여기 있다. 한 번 훑어봐라.

- **take A for B** A를 B로 잘못 생각하다

[테이크 A 퍼 B]

I took him for a Frenchman.

나는 그를 프랑스인으로 오인했다.

- **take care of** ~을 돌보다

[테이크 케어 어브]

They will take care of my house while I am traveling.

내가 여행하는 동안 그들이 우리 집을 봐 줄 것이다.

- **take down** 내리다

[테이크 다운]

She took down a box from a shelf.

그녀는 선반에서 상자를 내렸다.

- **take over** 인계받다, 떠맡다

[테이크 오우버]

She took over the business after her husband died.

남편이 사망한 후 그녀가 그 사업을 인계받았다.

- **take part in** ~에 참가하다

[테이크 파–트 인]

I think most of them took part in the meeting.

나는 그들 중 대부분이 회의에 참가했다고 생각한다.

- **talk about** ~에 관하여 토의하다, 상담하다
  [터억 어바웃]
  I've got something to talk about with you.
  너와 상의할 것이 있다.

- **thank A for B** B에 대하여 A에게 감사하다
  [쌩크 A 퍼 B]
  He thanked the audience for listening to his lecture.
  그는 그의 강의를 들어 준 것에 대해 청중에게 감사했다.

- **the other day** 일전에, 며칠 전에
  [디 어더 데이]
  I saw her the other day.
  일전에 그녀를 만났다.

- **these days** 요즘
  [디-즈 데이즈]
  How are you getting along these days?
  요즘 어떻게 지내니?

- **think of** ~을 생각하다, 회상하다
  [씽크 어브]
  We must think of ourselves as part of mankind.
  우리는 스스로를 인류의 일부로 생각해야 한다.

- **turn back** 되돌아오다

[터언 백]

Many of them had to turn back.

그들 중 다수가 되돌아와야만 했다.

- **turn off** ~을 끄다

[터언 어–프]

Don't forget to turn the light off before you come downstairs.

아래층으로 내려오기 전에 불 끄는 거 잊지 마라.

- **turn on** ~을 켜다

[터언 언]

Because she was cold, she turned on the stove.

그녀는 추워서, 난로를 켰다.

U

- **used to** 이전에는 자주 ~했다

[유–즛 투]

I used to play tennis with him on holidays.

휴일에 그와 테니스를 자주 쳤었다.

- **wait for** ~을 기다리다

[웨잇 퍼]

Are you waiting for anybody?

누구를 기다리고 있습니까?

- **wake up** 깨어나다, 깨닫다

[웨이크 업]

Once I wake up at three or four in the morning, I can't get back to sleep again.

나는 아침 3~4시에 깨면, 다시 잠들 수 없다.

- **watch out** 조심하다

[와앗치 아웃]

Watch out! A car is coming.

조심해! 차가 오고 있어.

- **worry about** ~의 일을 걱정하다

[워리 어바웃]

I sometimes worry about him.

나는 때때로 그의 일을 걱정한다.